An Ghaeilge ó Lá go Lá

Léitheoir struchtúrtha Gaeilge
ó Iomfhoghlaim go líofacht

Irish Day by Day

A structured Irish reader
from first steps to fluency

Dr. A.J. Hughes MA, MèsL, PhD

Clólann Bheann Mhadagáin, Béal Feirste 2009

Ben Madigan Press, Belfast 2009

Teideal: Title:	*An Ghaeilge ó Lá go Lá*
	Irish Day by Day
Údar: Author:	Dr A.J. Hughes
Foilsitheor:	Clólann Bheann Mhadagáin 516 Bóthar Aontroma Béal Feirste BT15 5GG
Publisher:	Ben Madigan Press 516 Antrim Road Belfast BT15 5GG
An chéad eagrán: **First Edition:**	2009
Téacs: Text:	© A.J. Hughes 2009
Dlúthdhioscaí: CDs:	© Clólann Bheann Mhadagáin 2009
Ealíon: Artwork:	Miguel Martin © CBM 2009

ISBN   978-0-9542834-6-9
EAN   9780954283469

Dedicated,

with the highest esteem and affection,

to my wonderful Primary One teacher

Kathleen Reagan

for her understanding, kindness

and unstinting encouragement.

Go raibh maith agat ó chroí,

Arthur John.

Buíochas

Buíochas mór i dtús báire le Comhairle na nEalaíon, TÉ, a thug tacaíocht fhial leis an leabhar seo a chur i gcló. Fuarthas tacaíocht bheag fosta ó Chomhaltas Uladh leis an obair ealaíne. Ábhar bróid agus atháis domh, aitheantas a thabhairt do Choimisiún Fullbright a bhronn Scoláireacht Shinsearach orm in Áras Glucksman na hÉireann, Ollscoil Nua-Eabraic, don bhliain acadúil 2009-10 – ní a thug deis agus dóigh domh an obair seo a thabhairt chun críche. Ba mhian liom fosta buíochas a ghabháil leis na daoine a leanas a léigh píosaí den obair ag staideanna áirithe: Máirtín Mac Grianna, Máirtín Mac Cathmhaoil agus Peadar Ó Catháin. Ba mhaith liom buíochas speisialta a ghabháil le Miguel Martin, an t-ealaíontóir agus le Tony Bell, an dearthóir as *Solas Nua*, a chlóchuir an téacs agus a dhear an clúdach.
Aon locht ná lúb ar lár a fhanann ar an tsaothar seo is liom féin amháin a bhaineas.

Dr A.J. Hughes
Ollscoil Uladh Bhéal Feirste

Acknowledgements

*Thanks are due first and foremost to the Arts' Council NI for their generous funding towards the publication costs - and to Chomhaltas Uladh for part sponsorship of the artwork. I am particularly pleased to acknowledge the Senior Scholarship which the Fullbright Commission kindly granted me in Glucksman Ireland House, New York University for the academic year 2009/10 –this Fullbright Award afforded me the opportunity to complete this work. I wish also to thank the following who read portions of the work at various stages of its preparation: Máirtín Mac Grianna, Máirtín Mac Cathmhaoil and Peter Kane. I also wish to acknowledge the help of the artist Miguel Martin and Tony Bell, designer from Solas Nua, who typeset the text and designed the cover.
Any fault or shortcomings in the work are my own responsibility.*

Dr A.J. Hughes
University of Ulster at Belfast

An Ghaeilge ó Lá go Lá

Irish Day by Day

Clár: Contents

Leathanach Teidil	*Title Page*	2
Tiomnú	*Dedication*	3
Buíochas	*Acknowledgements*	4
Clár	*Contents*	5
Réamhrá	*Foreword*	8

Ná Scéalta   ***The Stories***

1	Gabh mo leithscéal, cé thusa?	10
2	Is mise Pól agus is as Corcaigh mé.	12
3	Is as Éirinn mé, mar sin de is Éireannach mé.	14
4	Na rudaí is maith le Clár Ní Dhónaill.	16
5	Cad é an t-ainm atá ort?	18
6	An bhfuil Gaeilge agat?	20
7	Mo chéad oíche ag rang Gaeilge.	22
8	Cá háit ar rugadh agus ar tógadh thú?	24
9	Seán amuigh ag siopadóireacht.	26
10	Síle ag glanadh san árasán.	28
11	Conn ag gearán agus ag tabhairt amach.	30
12	An chéad turas a rinne mé ar eitleán.	32
13	Bhí mé i mo luí oíche Shamhna ...	34
14	Guthán, facs agus ríomhphost.	36
15	Mo theaghlach.	38
16	Tá gruaig fhada dhubh orm.	40

17 Breithlá sona duit, ach cén dáta? 42

18 Siopadóireacht na seachtaine. 44

19 Oifig an Phoist: Tá stampa de dhíth. 46

20 Tiontaigh ar dheis agus ansin ar chlé. 48

21 An aimsir: Tá lá deas ann. 50

22 D'ól mé an tae sular ith mé an bia. 52

23 Rogha gach bídh agus togha gach dí 54

24 Cad é mar a bhris tú an ceamara? 56

25 Sláinte, tinneas agus leigheas. 58

26 An taisce a coinníodh san áiléar. 60

27 Seán Ó Dochartaigh i rith na seachtaine. 62

28 Lá le Bríd Ní Dhochartaigh. 64

29 Éirím, déanaim lá oibre agus téim a luí. 66

30 Clíona Ní Eara as Cnoc na nDealg. 68

31 Micheál Ó Baoill as Coláiste Phádraig. 70

32 Anna Ní Anluain as Scoil Chaitríona. 72

33 Pól Mag Uidhir ag déanamh a scíste. 74

34 Caithimh aimsire Mháire Ní Bhaoill. 76

35 Colm Mac Maoláin: oibrí agus iománaí. 78

36 Cad é atá tú a dhéanamh? 80

37 Teach leathscartha i lár an bhaile. 82

38 Teach scartha ar imeall na cathrach. 84

39 Árasán i scríobán spéire. 86

40 Tuaisceart Bhéal Feirste. 88

41 Amuigh faoin tuath. 90

42 Ag dul chun na Fraince. 92

43 Ag dul go Meiriceá. 94

44 Thiar i gConamara agus i dTír Chonaill. 96

45 Cúigí agus contaethe na hÉireann. 98

46 Cúlra ginearálta na Gaeilge 100

47 Bia Bruscair agus 'Préataí Toilg' 102

48 An Nollaig: féile shiopadóireachta? 104

49	Éireoidh mé luath amárach	106
50	Cruinniú, coinne agus cuireadh.	108
51	Ticéad singilte nó ticéad fillte?	110
52	Beidh mé ag dul thar lear i mbliana.	112
53	Rachaidh mé go Meirceá i mbliana.	114
54	Cuirfear dóigh ar theach s'againne.	116
55	B'éigean do Phól dhul go Doire.	118
56	B'éigean do Phól a sheomra a ghlanadh.	120
57	Cén dath a théann leis na bróga seo?	122
58	An é an rud is saoire an rud is fearr?	124
59	Cad é do bharúil?	126
60	An timpeallacht.	128
61	Athchúrsáil; an bealach chun tosaigh.	130
62	B'fhearr linn imeacht.	132
63	Dá mbainfinn cúig mhilliún punt.	134
64	An tslí bheatha ba mhian le mo mhac.	136
65	Chaithfí airgead dá bhfaighfí é.	138
66	Nuair a bhínn ar scoil.	140
67	D'éalaíodh sé go Tír Chonaill.	142
68	Ba ghnách liom a bheith i m'aisteoir.	144
69	Na rudaí a dhéantaí Lá Fhéil' Bríde.	146
70	Ag baint an fhéir i dteach Uí Bhaoill.	148

Foclóir Gaeilge-Béarla

Foclóir	Glossary	150
Achoimre Gramadaí	Grammar Synopsis	204
Foilseacháin eile le Clólann Bheann Mhadagáin	Other Publications by Ben Madigan Press	213
Foirm Ordaithe	Order Form	215

An Ghaeilge ó Lá go Lá: Réamhrá

Cuireann an pacáiste seo roimhe léitheoir, struchtúrtha a chur ar fáil le cuidiú leis an fhoghlaimeoir theacht isteach ar an bhun-Ghaeilge laethúil. Ó thaobh an chomhrá de, clúdaíonn an leabhar na bunréimsí bunúsacha, .i. cé thú féin, cárb as thú, an tsiopadóireacht, an baile, an obair, an scoil, caithimh aimsire, laethanta saoire, cúrsaí sláinte, cúrsaí reatha srl.

Thig an leabhar a úsáid ar scoil, sa rang oíche nó sa bhaile mar fhoghlaimeoir neamhspleách.

Ó thaobh na gramadaí de, clúdaítear an chopail sna luathphíosaí den leabhar agus ansin leagtar béim ar an ghnáthbhriathar san aimsir chaite, san aimsir láithreach, san aimsir fháistineach, sa mhodh choinníollach agus san aimsir ghnáthchaite (idir ghníomhach agus shaorbhriathar). Pléitear gnéithe eile, ar nós uimhreacha agus aidiachtaí comh maith.

Tá *Innéacs Gramadaí* ar chúl an leabhair a chuideoidh leis an mhúinteoir agus leis an dalta ar aon. Beidh an *Foclóir* mar uirlis an-úsáideach ag an fhoghlaimeoir agus ar shuíomh idirlín Chlólann Bheann Mhadagáin cuirtear ar fáil 70 aistriúchán ó Bhéarla go Gaeilge mar obair bhaile ag daltaí agus múinteoirí– aistriúcháin atá bunaithe thart ar ábhar na dtéacsanna atá sa leabhar seo.

Táthar ag súil, mar sin de, go gcuideoidh *An Ghaeilge ó Lá go Lá* (idir leabhar agus ábhar idirlín) leo siúd atá ag iarraidh an ghnáth-Ghaeilge laethúil a fhoghlaim agus a úsáid. Ádh mór oraibh ar fad.

Dr A.J. Hughes MA, MèsL, PhD
Ollscoil Uladh Bhéal Feirste

Irish Day by Day: Introduction

This package aims to provide a structured reader to help the learner access everyday spoken Irish. As regards conversation, the book covers basic fundamentals of the spoken language, i.e. who you are, where you are from, shopping, home, work, school, pastimes, holidays, health, current affairs etc.

The book may be used in the school classroom, the night class or at home as an independent learner.

As regards grammar, the copula is covered in the early portion of the book and the ordinary verb is then dealt with in the past, present, future, conditional and imperfect (both active and autonomous /impersonal). Other grammar points include numbers and adjectives and a short *Grammar Appendix* is provided at the back of the book which should be of some help to teacher and pupil alike.

The *Glossary* will prove a most useful tool for the learner and the Ben Madigan Press Website provides 70 English to Irish translations as homeworks for pupils and teachers - translations loosely based on the subject matter which make up the book.

It is hoped, then, that *Irish Day by Day* – as a learning package with the book and on-line material - will help those who are trying to learn, and use, the essentials of everyday spoken Irish. Good luck to each and everyone of you.

Dr A.J. Hughes MA, MèsL, PhD
University of Ulster at Belfast

1 Gabh mo leithscéal, cé thusa?

'Gabh mo leithscéal, ach cé thusa?' 'Is mise Máirtín.'

'Gabh mo leithscéal, ach cé thusa?'

'Is mise Máire. Cé thusa?'

'Is mise Máirtín. Cárb as thú, a Mháire?'

'Is as Gaoth Dobhair mé, a Mháirtín.
Cárb as thusa?'

'Is as Iúr Cinn Trá mé.'

'Cad é an post atá agat, a Mháirtín?'

'Is cócaire mé. Cad é an post atá agatsa?'

'Is rúnaí mé.'

'An maith leat do chuid oibre, a Mháire?'

'Is maith. An maith leatsa do chuid oibre, a Mháirtín?'

'Ní maith. Ba mhaith liom post eile.'

Ceisteanna

1 Cé thusa?

2 Cárb as thú?

3 Cad é an post atá agat?

4 An maith leat do phost?

5 Cárb as Máire?

6 Cad é an post atá aici?

7 Cárb as Máirtín?

8 Cad é an post atá aige?

9 An maith le Máire a post?

10 An maith le Máirtín a phost?

Freagraí (atá le cur san ord cheart)

a   Is mise _____.

b   Is as _____ mé.

c   Is _____ mé.

d   Is maith. Or Ní maith.

e   Is as Iúr Cinn Trá é.

f   Is as Gaoth Dobhair í.

g   Is cócaire é. = Cócaire atá ann.

h   Is rúnaí í. = Rúnaí atá inti.

i   Is maith.

j   Ní maith.

Seanfhocal an Lae

Labhair í agus mairfidh sí!

2 Is mise Pól agus is as Corcaigh mé.

Is fear poist mé. Is dlíodóir mé. Is fiaclóir mé. Is dochtúir mé. Is múinteoir mé.

Is mise Pól. Is as Corcaigh mé. Is dlíodóir mé.

Is mise Úna. Is as Beannchar mé. Is fiaclóir mé.

Seo Seosamh. Is as Béal Feirste é. Is dochtúir é.

Seo Peigí. Is as Gaillimh í. Is múinteoir í.

Sin Tomás. Is as Baile Átha Cliath é. Is fear poist é.

Sin Máire. Is as Luimneach í. Is banaltra í.

B'fhéidir nár bhuail sibh le chéile. A Sheáin, seo Bríd.
Is as Doire í agus is rúnaí í.

A Bhríd, seo Seán. Is as Doire é agus is tógálaí é.

'Cad é mar atá tú, a Sheáin?'

'Go maith, a Bhríd. Cad é mar atá tú féin?'

'Go breá, go raibh maith agat. Is deas bualadh leat.'

'Is deas, cinnte. Beidh muid ag caint arís.'

'Beidh, le cuidiú Dé.'

Ceisteanna

1 Cárb as Pól?

2 Cad é an post atá aige?

3 Cárb as Úna?

4 Cad é an post atá aici?

5 Cad é an tslí bheatha atá ag Seosamh?

6 Cad é an obair atá ag Peigí?

7 An leictreoir (é) Tomás?

8 An banaltra (í) Máire?

9 Cad é mar atá Seán?

10 Cad é mar atá Bríd?

Freagraí (atá le cur san ord cheart)

a Is dlíodóir é. = Dlíodóir atá ann.

b Is fiaclóir í. = Fiaclóir atá inti.

c Is as Corcaigh é.

d Is as Beannchar í.

e Is ea.

f Ní hea.

g Is múinteoir í. = Múinteoir atá inti.

h Is dochtúir é. = Dochtúir atá ann.

i Tá sí go breá.

j Tá sé go maith.

Seanfhocal an Lae
Is fearr lán doirn de cheird ná lán doirn d'ór.

3 Is as Éirinn mé,
mar sin de is Éireannach mé.

Is feirmeoir é. Is cuntasóir é. Is píolóta é. Is rúnaí í.

Is mise Conall. Is feirmeoir mé.
Is as Éirinn mé, mar sin de is Éireannach mé.

Is mise Pamela. Is cuntasóir mé.
Is as Sasain mé, mar sin de is Sasanach mé.

Sin Angus. Is píolóta é. Is as Albain é.
Ciallaíonn sé sin gur Albanach é.

Sin Bronwen. Is rúnaí í. Is as an Bhreatain Bheag í.
Ciallaíonn sé sin gur Breatnach í.

Seo Pierre. Is freastalaí é. Is as an Fhrainc é.
Is ionann sin agus a rá gur Francach é.

Seo Maria. Is múinteoir í. Is as an Spáinn í.
Is ionann sin agus a rá gur Spáinneach í.

Seo Hans. Is ailtire é. Is as an Ghearmáin é.
Is ionann sin agus a rá gur Gearmánach é.

Sin Chuck. Is bainisteoir é. Is as Meiriceá é.
Fágann sin gur Meiriceánach é.

Sin Nancy. Is oibrí sóisialta í. Is as Ceanada í.
Fágann sin gur Ceanadach í.

Seo Paolo agus Claudia. Is ceoltóirí iad. Is as an Iodáil iad.
Fágann sin gur Iodálaigh iad.

Ceisteanna

1 Cad é an post atá ag Conall.

2 Cén tír arb as Pamela?

3 An Albanach Angus?

4 An Sasanach Bronwen?

5 Cén tír arb as Pierre?

6 Cad é an post atá ag Maria?

7 Cad é an t-ainm atá ar an ailtire?

8 Cad é an tslí bheatha atá ag Chuck?

9 Cad é an t-ainm atá ar an oibrí sóisialta?

10 Cárb as na ceoltóirí?

Freagraí (atá le cur san ord cheart)

a   Is as Sasain í.

b   Is as an Fhrainc é.

c   Is as an Iodáil iad.

d   Is ea.

e   Ní hea, ach Breatnach.

f   Is feirmeoir é. = Feirmeoir atá ann.

g   Is bainisteoir é. = Bainisteoir atá ann.

h   Is múinteoir í. = Múinteoir atá inti.

i   Hans (an t-ainm atá air).

j   Nancy (an t-ainm atá uirthi).

Seanfhocal an Lae

Castar na daoine ar a chéile ach ní chastar na sléibhte ná na cnoic.

15

4 Na rudaí is maith le Clár Ní Dhónaill

Is mise Clár Ní Dhónaill. Is as Gaoth Dobhair mé. Is múinteoir scoile mé.

Is mise Clár Ní Dhónaill.

Is as Gaoth Dobhair mé.

Is múinteoir scoile mé.

Tá cara agam. Seán an t-ainm atá air.

Deir sé gurb as Béal Feirste é agus gur ceoltóir é.

Is maith liom ceol clasaiceach ach is fearr liom an ceol traidisiúnta ná é.

Ní maith liom rac-cheol ar chor ar bith.

Is fuath liom é. Ní thig liom cur suas leis.

Is maith le Seán an ceol traidisiúnta ach is fearr leis an ceol clasaiceach ná ceol ar bith eile. Is breá leis é.

Is cuimhin liom nuair a bhuail mé le Seán ach ní cuimhin le Seán nuair a bhuail sé liomsa. Is ionadh liom nach cuimhin!

Is maith liom bia Síneach agus bia Iodálach ach ní maith liom bia gasta.

Cé gur maith le Seán bia Spáinneach, is fearr leis bia Francach ná bia ar bith eile.

Ceisteanna

1 An as Doire Clár Ní Dhónaill?
2 An as Gaoth Dobhair í?
3 An as Corcaigh Seán?   Deir sé ...
4 An ceoltóir (é) Séan?   Deir sé ...
5 An maith le Clár rac-cheol?
6 An maith le Seán an ceol traidisiúnta?
7 An fearr le Seán an ceol clasaiceach ná ceol ar bith eile?
8 An cuimhin le Seán nuair a bhuail sé le Clár?
9 An cuimhin le Clár nuair a bhuail sí le Seán?
10 An fearr le Seán bia Spáinneach ná bia ar bith eile?

Freagraí (atá le cur san ord cheart)

a   Is ea.
b   Ní hea.
c   Deir sé gurb ea.
d   Deir sé nach ea.
e   Is maith.
f   Ní maith.
g   Is fearr.
h   Ní fearr.
i   Is cuimhin.
j   Ní cuimhin.

Seanfhocal an Lae
Ní measa thú ná oide do mhúinte.

5 Cad é an t-ainm atá ort?

Cad é mar atá tú, a Sheáin?'
'Tá mé go maith, a Dhaithí.'

Bhuail mé le buachaill úr ar scoil cúpla lá ó shin.
Seo mar a labhair muid le chéile:
'Cad é an t-ainm atá ort?' - 'Seán.
Cad é an t-ainm atá ortsa?' - 'Daithí.
Cad é mar atá tú, a Sheáin?'
'Tá mé go maith, a Dhaithí. Cad é mar atá tusa?'
'Tá mise go breá, go raibh maith agat.'
'Tá deartháir agat ar an scoil, nach bhfuil?'
'Tá, cinnte. Tá sé i rang a deich.'
'Cad é an t-ainm atá air?''Pádraig.'
'Cad é mar atá sé?' 'Tá sé go measartha. Tá deirfiúr agam i
mbliain a dó dhéag.'
'Cad é an t-ainm atá uirthi?''Sorcha.'
'Cad é mar atá sí?' 'Níl caill uirthi.'
'An bhfeiceann tú an bheirt sin thall?'
'Tchím. (= Feicim).'
'Cad é an t-ainm atá orthu?'
'Fionnuala agus Gearóid.'
'Cad é mar atá siad?'
'Níl siad go maith. Tá siad tinn. Tá siad ag dul abhaile.'
'Cad é atá orthu?' 'Tá slaghdán orthu.'
'Tá sin millteanach.' 'Tá a fhios agam.'
'Slán, a Dhaithí.' 'Slán go fóill, a Sheáin. Is deas bualadh leat.
Tchífidh mé arís thú.'
'Tá súil agam go bhfeicfidh.'

Ceisteanna

1 Ar bhuail siad le chéile ar na mallaibh?
2 Cad é an t-ainm atá ar an bhuachaill nua?
3 Cad é mar atá sé?
4 Conas atá Daithí?
5 Cén chaoi a bhfuil Pádraig?
6 An bhfuil Pádraig níos sine ná Sorcha?
7 An bhfuil Sorcha ceart go leor?
8 Cad chuige a bhfuil Fionnuala agus Gearóid ag dul abhaile?
9 Cad é an t-ainm atá ar an scoil?
10 An bhfeicfidh Daithí Seán arís gan mhoill?

Freagraí (atá le cur san ord cheart)

a Seán (an t-ainm atá air).
b Tá sé go breá.
c Tá sé go measartha.
d Tá sé go maith.
e Bhuail.
f Tá slaghdán orthu.
g Tchífidh. (*Ulster.* Feicfidh. *Std*).
h Níl a fhios againn. Ní luaitear an t-ainm.
i Tá.
j Níl.

Seanfhocal an Lae
Aithníonn ciaróg ciaróg eile.

6 An bhfuil Gaeilge agat?

'An bhfuil Gaeilge agat?' 'Tá. An bhfuil Gaeilge agatsa?'

'An bhfuil Gaeilge agat?'

'Tá, píosa beag. Níl mé ach ag foghlaim.'

'Cá bhfuil tú ag foghlaim?'

'Ag rang oíche.'

'Cá háit?'

'In Ollscoil Uladh i mBéal Feirste.'

'Cé atá do do theagasc?'

'Abair sin arís, le do thoil. Níor thuig mé thú.'

'Cé hé do mhúinteoir?'

'Colm Ó Néill'.

'Tá Gaeilge mhaith agat.'

'Go raibh maith agat. Níl mórán agam anois ach ba mhaith liom a bheith líofa.'

'Coinnigh ag dul. Beidh Gaeilge bhreá agat amach anseo. Tá blas maith agat.'

'An bhfuil Gaeilge agatsa?'

'Tá. Tá neart Gaeilge agam. Tógadh le Gaeilge mé. Is cainteoir dúchais mé.

Ceisteanna

1 An bhfuil Gaeilge aici?
2 Cá bhfuil sí ag foghlaim?
3 Cé hé an múinteoir atá aici?
4 Ar mhaith léi a bheith líofa?
5 An bhfuil Gaeilge ag an fhear?
6 An bhfuil Gaeilge agatsa?
7 Cá huair a thosaigh tú ag foghlaim?
8 Cad chuige ar thosaigh tú ag foghlaim?
9 Cá háit ar thosaigh tú ag foghlaim?
10 An mbeidh Gaeilge mhaith agat amach anseo?

Freagraí (atá le cur san ord cheart)

a Ba mhaith.
b Níl. Níl ach giota beag aici. Níl sí ach ag foghlaim. Ach tá suim aici sa Ghaeilge.
c Tá. Tá neart Gaeilge aige. Is cainteoir dúchais é. Tá sí aige ón chliabhán.
d Tá sí ag foghlaim ag rang oíche i mBéal Feirste.
e Is é Colm Ó Néill an múinteoir atá aici.
f Thosaigh mé ag foghlaim cúpla mí ó shin.
g Thosaigh mé ag foghlaim ag rang oíche.
h Tá súil agam go mbeidh.
i Thosaigh mé ag foghlaim ar an ábhar go bhfuil suim agam sa Ghaeilge.
j Tá. Tá giota beag agam ar scor ar bith.

Seanfhocal an Lae

Is annamh saoi gan locht.

7 Mo chéad oíche ag rang Gaeilge.

D'fhoghlaim mé cúpla rud sa rang.

Bhí mé amuigh ag siúl lá amháin. Chuala mé daoine ag caint.
Bhí siad ag caint i nGaeilge.
'Ba mhaith liom Gaeilge a bheith agam féin' arsa mise liom féin.

Tháinig mé abhaile agus d'ith mé mo dhinnéar. Bhain mé sult as.
Chuir mo chara scairt ghutháin orm.

'A Sheáin' arsa sise, 'ar mhaith leat dhul go rang Gaeilge anocht?'

'Ba mhaith, a Shíle,' arsa mise.

Chuaigh muid amach an oíche sin. Thosaigh an rang ar a seacht.
D'fhoghlaim mé cúpla rud sa rang:

'Cé thusa?' 'Cárb as thú?'
'Cad é mar atá tú?' 'Go maith.'
'Slán.' 'Slán go fóill.' 'Oíche mhaith.'
'Gabh mo leithscéal, ní thuigim sin.'
'Abair sin arís, le do thoil.'
'Go raibh maith agat.' 'Ádh mór ort.'
'Tchífidh mé thú.' 'Tchífidh, cinnte.'

Bhain mé sult as an rang.
Ní thig liom fanacht go dtí an chéad rang eile.
Is maith liom an Ghaeilge.
Is teanga iontach í agus tá múinteoir maith agam.

Ceisteanna

1 Cé thusa?
2 Cárb as thú?
3 Cad é mar atá tú?
4 An raibh Seán amuigh ag rith?
5 Cad é an teanga a bhí na daoine a labhairt?
6 Cad é a rinne Seán nuair a tháinig sé abhaile?
7 Ar chuir Seán scairt ar Shíle?
8 Ar bhain Seán sult as an rang?
9 An maith leis an Ghaeilge?
10 An bhfuil múinteoir maith aige?

Freagraí (atá le cur san ord cheart)

a Is as Béal Feirste mé.
b Go maith, go raibh maith agat. Cad é mar atá tú féin?
c Is mise Seán Ó Néill.
d Gaeilge.
e Ní raibh.
f Níor chuir.
g D'ith sé a dhinnéar.
h Tá. Deir sé go bhfuil.
i Bhain. Bhain sé sult mór as.
j Is maith.

Seanfhocal an Lae

Is fearr neart de bheagán ná dadaidh de mhórán.

8 Cá háit ar rugadh agus ar tógadh thú?

Tógadh i mBaile Átha Cliath é.

Rugadh i mBéal Feirste mé. Tógadh ansin mé fosta. Tá mé i mo chónaí i mBéal Feirste go fóill. Fanfaidh mé anseo feasta.

Rugadh Seán i gCorcaigh ach níor tógadh ansin é. Tógadh i mBaile Átha Cliath é. Níl sé ina chónaí i mBaile Átha Cliath anois. D'fhág sé nuair a bhí sé fiche bliain d'aois.. Tá sé ina chónaí i nGaillimh le sé bliana anuas.

Rugadh Máire in Leeds ach níor tógadh ansin í. Tógadh i nDoire í. Bhí sí ina cónaí i nDoire go raibh sí ocht mbliana déag. Tá sí ag cur fúithi i Londain anois.

Creidim gur rugadh Peadar agus Póilín in Ard Mhacha. Tá a fhios agam gur tógadh ansin iad. Níl siad ina gcónaí in Ard Mhacha, ní raibh le deich mbliana anuas. Tá Peadar ina chónaí i nDún Dealgan agus tá Póilín ina cónaí i Nua-Eabhrac.

Tá Pól ina chónaí i Luimneach. Níl a fhios agam cárb as é. Dúirt sé nár rugadh ná nár tógadh in Éirinn é. Sílim gur Sasanach atá ann. Tá sé ag cur faoi in Éirinn le fada.

Ceisteanna

1 Cá háit ar rugadh thú?
2 Cá háit ar tógadh thú?
3 Cá bhfuil tú i do chónaí?
4 Cá bhfuil Seán ina chónaí?
5 Cá bhfuil Máire ina cónaí?
6 Ar rugadh Seán i gCorcaigh?
7 Ar tógadh Máire in Leeds?
8 Cá fhad atá Seán ina chónaí i nGaillimh?
9 Cá bhfuil Peadar ag cur faoi?
10 Cá bhfuil Póilín ag baint fúithi?

Freagraí (atá le cur san ord cheart)

a Rugadh _____ mé.
b Tógadh _____ mé.
c Tá mé i mo chónaí _____ .
d Rugadh.
e Níor tógadh.
f Tá sé ag cur faoi i nDún Dealgan.
g Tá sí ag baint fúithi i Nua-Eabhrac.
h Tá sé ina chónaí ansin le sé bliana anuas.
i Tá sé ina chónaí i nGaillimh.
j Tá sí ina cónaí i Londain anois.

Seanfhocal an Lae

An rud a tchí an leanbh, ghní an leanbh. =
An rud a fheiceann an leanbh, déanann an leanbh.

9 Seán amuigh ag siopadóireacht

Cheannaigh mé dlúthdhiosca agus DVD i siopa an cheoil.

Mhúscail mé maidin Dé Sathairn ar a naoi ach níor éirigh mé go dtí a deich. Nigh mé mé féin agus chuir mé orm mo chuid éadaigh. Chuaigh mé isteach sa chistin. Rinne mé réidh mo bhricfeasta ansin. D'ól mé cupa tae agus d'ith mé giota tósta.

D'fhág mé an teach ar leath i ndiaidh a deich. Bhí lá breá ann. Bhí sé tirim agus te. Shiúil mé isteach go lár na cathrach. Mhair an siúl fiche bomaite. Bhain mé sult as.

Bhuail mé isteach go siopa éadaí. Thóg mé cóta, péire bríste, cúpla léine, carbhat, geansaí agus hata. Chuir mé orm iad. Thaitin cuid acu liom. Choinnigh mé an cóta, an péire bríste, léine amháin agus an geansaí. Cheannaigh mé iad. Ní raibh airgead ar bith liom ach scríobh mé seic. Shínigh mé agus thug don tsiopadóir é. Níor bhac mé leis na rudaí eile. Bhí siad an-daor ach ní raibh siad ródheas.

Fuair mé cuid mhór rudaí eile an lá sin. Cheannaigh mé bia san ollmhargadh. Cheannaigh mé dlúthdhiosca agus DVD i siopa an cheoil. Fuair mé leabhar ar iasacht as an leabharlann. Níor shiúil mé abhaile. Tháinig mé abhaile i dtacsaí. Chaith mé a lán airgid ach bhí mé sásta, cé go raibh mé tuirseach.

Ceisteanna

1 Ar mhúscail Seán ar a naoi?
2 Ar nigh sé é féin sular chuir sé a chuid éadaigh air?
3 Ar ól sé caife an mhaidin sin?
4 Ar thiomáin sé isteach go lár na cathrach?
5 Ar bhain an siúl leathuair as?
6 Ar thóg sé crios, bearád agus scairf?
7 Ar choinnigh sé an hata?
8 Ar scríobh sé seic sa tsiopa éadaí?
9 Ar cheannaigh sé DVD agus é amuigh ag siopadóireacht?
10 Ar shiúil sé abhaile?

Freagraí (atá le cur san ord cheart)

a Níor ól.
b Níor thiomáin.
c Mhúscail.
d Nigh.
e Níor thóg.
f Níor bhain.
g Níor shiúil.
h Scríobh.
i Cheannaigh.
j Níor choinnigh.

Seanfhocal an Lae

Éist mórán agus can beagán.

10 Síle ag glanadh san árasán

Ghlan mé an t-árasán ó bhun go barr.

Is mise Síle. Is as Doire mé ach tá mé i mo chónaí i mBéal Feirste. Tá árasán agam. Cheannaigh mé anuraidh é. Is maith liom go mór é. Tá sé deas agus compordach.

Ní dheachaigh mé amach oíche Dé hAoine. D'fhan mé istigh. Ghlan mé an t-árasán ó bhun go barr. Thóg mé mo chuid éadaigh agus nigh mé iad. Sin an chéad rud a rinne mé. Choinnigh mé orm, nó bhí fonn na hoibre orm.

Réitigh mé mo sheomra leapa. Chóirigh mé mo leaba. Thóg mé gach rud a bhí ina luí ar an urlár agus chuir mé sa vardrús é.

Amach liom go dtí an seomra suí ansin. Scuab mé an t-urlár agus chuir mé snas ar an tábla. Tháinig tuirse agus ocras orm. Shuigh mé síos agus rinne mé mo scíste. D'ól mé braon tae agus d'ith greim gasta.

Níor fhan mé i bhfad i mo shuí, faraor. Ní thiocfadh liom. Bhí barraíocht le déanamh agam. Chuaigh mé isteach sa tseomra folctha agus sa chistin. Ghlan mé an dá sheomra sin. Bhí mé tuirseach. Chuaigh mé a luí luath agus chodail mé mo sháith. Bhí mé thar a bheith sásta liom féin gur éirigh liom an oiread sin a dhéanamh.

Ceisteanna

1 An as Doire Síle?
2 An bhfuil sí ina cónaí i mBéal Feirste?
3 Ar cheannaigh sí an t-árasán cúpla bliain ó shin?
4 An ndeachaigh sí amach an oíche faoi dheireadh?
5 Ar chóirigh sí an leaba sular nigh sí a cuid éadaigh?
6 Cad é a rinne sí sa tseomra suí?
7 Ar bhuail ocras í agus í ag obair?
8 An raibh sos fada aici i lár báire?
9 An raibh sí traochta ag am luí?
10 Ar chodail sí go breá an oíche sin?

Freagraí (atá le cur san ord cheart)

a Níor cheannaigh.
b Is ea.
c Tá.
d Níor chóirigh.
e Scuab sí an t-urlár agus chuir (sí) snas ar an tábla.
f Ní dheachaigh. D'fhan sí istigh an oíche ar fad.
g Ní raibh.
h Bhuail. Bhí sí stiúgtha.
i Chodail.
j Bhí. Bhí sí buailte amach.

Seanfhocal an Lae
Dófaidh uisce fuar falsóir.

11 Conn ag gearán agus ag tabhairt amach

Mar bharr ar an donas, chaill mé mo chóta san aerfort …

Bhí mé ar laethanta saoire anuraidh ach ní raibh mé sásta. Bhí mé meallta go mór.

Chuaigh mé chun na Spáinne sa tsamhradh ach ní dheachaigh mé ag an am cheart. Bhí barraíocht daoine ann agus bhí an aimsir iontach te – ró-the, le fírinne.

Chonaic mé cuid mhór den Spáinn 'nua' – clubanna oíche, bia gasta agus popcheol - ach ní fhaca mé go leor den tsean-Spáinn.

Rinne mé cuid mhór rudaí luath ar maidin agus mall san oíche. Ní dhearna mé mórán tráthnóna. Bhí an teas ag cur isteach orm. Mhothaigh mé lag, tinn agus míchompordach.

Fuair muid árasán ar cíos ar feadh seachtaine ach ní bhfuair muid carr. Thug mé cuairt ar chaisleán lá amháin. Bhain mé sult mór as an turas sin. Chuala mé cad é a bhí an treoraí a rá agus bhí suim agam ann – ach níor mhair an turas fada go leor. Dúirt mé sin leis an treoraí ach ní dúirt[1] sé rud ar bith liom. Mar bharr ar an donas, chaill mé mo chóta san aerfort ar mo bhealach ar ais agus goideadh mo cheamara. A leithéid de dhrocham!

[1] *Níor úirt sé* Ulster & Conaught Irish.

Ceisteanna

1 An raibh Conn sásta leis na laethanta saoire?

2 An raibh an ghrian ag soilsiú sa Spáinn?

3 An ndeachaigh sé chun na Fraince?

4 An ndeachaigh sé go caisleán lá amháin?

5 An bhfaca sé barraíocht den Spáinn nua?

6 An bhfaca sé go leor den tsean-Spáinn?

7 An bhfuair sé carr ar cíos?

8 An ndearna sé a lán tráthnóna?

9 An ndearna sé mórán ar maidin?

10 Ar mhaith leat féin dhul chun na Spáinne le Conn?

Freagraí (atá le cur san ord cheart)

a Chuaigh.

b Ní dheachaigh.

c Bhí.

d Ní raibh.

e Ní bhfuair.

f Chonaic.

g Ní fhaca.

h Níor mhaith! *Or* Ba mhaith.

i Rinne.

j Ní dhearna.

Seanfhocal an Lae

An té nach trua leis do chás, ná déan do ghearán leis.

12 An chéad turas a rinne mé in eitleán

Thug an t-aeróstach piolla agus deoch uisce domh.

Bhí áthas orm nuair a d'inis mo mhac domh go raibh muid ag dul ar saoire ach bhí imní orm nuair a dúirt sé go raibh muid ag imeacht ar eitleán. Tá eagla orm roimh eitilt – nó bhí san am sin. 'Ná bíodh brón ort, a Mhamaí, beidh tú i gceart.'

Tháinig an lá. D'éirigh mé mall. Bhí deifir orm ag dul go dtí an t-aerfort. Bhí fearg ar an fhear tacsaí mar nár chuir mé scairt air níba luaithe. Bhí mé díreach in am don eitilt. Thaispeáin mé mo phas agus mo phas bordála don aeróstach ag an gheata. Chuaigh muid ar bord an eitleáin sa deireadh. Shuigh mé síos, bhí tuirse orm.

Tháinig tinneas cinn orm ach thug an t-aeróstach piolla agus deoch uisce domh. Rinne sin maith domh. Shocraigh sé mé.

D'imigh an t-eitleán suas san aer. Bhí faoiseamh orm ansin. Níor mhothaigh mé neirbhíseach agus chuir sin iontas orm. Bhí béile beag againn. Bhí ocras agus tart orm fán am seo. D'ith mé an greim gasta agus d'ól mé caife agus sú oráiste. Thit néal orm ansin.

Bhain an t-eitleán ceann scríbe amach. Bhí ar na paisinéirí fanacht leathuair lena mbagáiste. Tháinig na málaí slán sábháilte sa deireadh. Ba chuma liom fán mhoill. Níor chuir sé isteach orm.

Ceisteanna

1 An raibh lúcháir uirthi nuair a chuir a mac in iúl di go raibh siad ag imeacht?

2 Cad chuige ar tháinig leisc uirthi nuair a chuala sí fán turas eitleáin?

3 Cad é a d'iarr a mac uirthi?

4 Ar éirigh sí luath go leor an mhaidin sin?

5 Cad chuige a raibh fearg ar an tiománaí?

6 An raibh mórán ama le spáráil aici ag an aerfort?

7 Cad é ab éigean di a thaispeáint sular bhordáil sí an t-eitleán?

8 Cad é an leigheas a bhí ar an tinneas cinn?

9 Cad é a bhí le hól aici leis an bhéile?

10 Ar cuireadh moill ar a gcuid cásanna?

Freagraí (atá le cur san ord cheart)

a Bhí eagla uirthi roimh eitilt.

b D'iarr sé uirthi gan brón a bheith uirthi.

c Níor éirigh.

d Cuireadh.

e Níor ghlaoigh sí air in am go leor.

f Bhí.

g Ní raibh.

h Piolla agus deoch uisce.

i Caife agus sú oráiste.

j Pas agus pas bordála.

Seanfhocal an Lae

Is beag an rud nach cuidiú é.

13 Bhí mé i mo luí oíche Shamhna ...

Tá rud inteacht uafásach ag titim amach anseo!

Bhí an tseanbhean agus an madadh ina gcónaí sa teach.

Bhí mé i mo luí ar mo leaba ach ní raibh mé i mo chodladh. Bhí mé go díreach i ndiaidh brionglóid uafásach a dhéanamh. Brionglóid aisteach a bhí ann – tromluí.

Bhí mé i mo shuí ag tábla agus madadh mór, fíochmhar, dubh ina sheasamh ag doras amháin. Bhí seanbhean liath ina seasamh ag doras eile. Bhí an tseanbhean agus an madadh ina gcónaí sa teach. Bhí mise i mo chónaí ar bharr an tí. Bhí mé ag iarraidh éalú ach d'fhan mé i mo thost. Níor labhair mé.

Bhí an madadh ina gharda ag an tseanbhean. Is cosúil go raibh mise i mo bhuachaill aimsire aici. Bhí sise ina máistreas ar an teach. Cé go raibh muid inár gcónaí sa teach agus inár gcodladh ann gach oíche, ní raibh cead agam é a fhágáil. Mhothaigh mé i mo phríosúnach. Áit ar bith a ndeachaigh mé, shiúil an bheirt acu i mo dhiaidh, do mo leanstan. Bhí sin ina chrá croí.

Go tobann, thiontaigh an tseanbhean ina cat agus rinneadh luchóg díomsa. Léim sí sa mhullach orm. D'oscail sí a béal. Chonaic mé na fiacla fada, géara, bána. Bhí sí ar tí mé a ithe ach mhúscail mé.

Ceisteanna

1 An raibh duine ar bith ag cuidiú leis sa bhrionglóid shaoithiúil seo?

2 Cé a bhí ag amharc air agus é ina shuí ag an bhord?

3 Cá raibh an tseanbhean agus an madadh ag cur fúthu?

4 Ar labhair sé le ceachtar acu?

5 Cad é an obair a bhí aige sa bhrionglóid?

6 Ar tugadh cead dó imeacht amach as an teach mhór?

7 Cad é mar a mhothaigh sé sa teach?

8 An raibh an tseanbhean agus an madadh á leanstan (= á leanúint)?

9 An ndearnadh cat den tseanbhean?

10 Ar thiontaigh seisean ina luchóg?

Freagraí (atá le cur san ord cheart)

a Bhí.

b Ní raibh.

c Bhí siad ag cur fúthu sa teach mhór.

d An madadh agus an tseanbhean.

e Bhí sé ina bhuachaill aimsire ag an tseanbhean.

f Níor tugadh.

g Is cosúil gur thiontaigh.

h Rinneadh.

i Mhothaigh sé ina phríosúnach ann.

j Níor labhair.

Seanfhocal an Lae

Lig domh agus ligfidh mé duit.

14 Guthán, facs agus ríomhphost

Tá guthán póca agam fosta.

Cad é an uimhir ghutháin atá agat?'

Má chuireann duine an cheist sin orm, deirim leo:
'Cén ceann? Cé acu guthán?'

Tá cúpla guthán agam – trí cinn, le fírinne.

Tá guthán agam sa bhaile. Seo an uimhir: a naoi, a seacht, a cúig, a trí, a náid, a ceathair, a haon, a sé. Cuir scairt orm am ar bith.

Tá guthán póca agam fosta. Seo an uimhir dó sin. Scríobh síos í. A neimhní, a seacht, a cúig, a sé, a naoi, a dó, a haon, a seacht, a seacht, a ceathair, a trí. Ná caill í!

Tá guthán agam do mo chuid oibre. Breac síos an uimhir seo: a seacht, a hocht, a cúig, a trí, a sé, a naoi, a náid, a ceathair.

Tá facs agam ag mo chuid oibre fosta: a seacht, a hocht, a cúig, a sé, a náid, a trí, a naoi, a seacht. Is annamh a chuirim facs.

Tá ríomhphost agam comh maith. Seo an seoladh atá agam dó sin (litreacha beaga uilig): c.macsuibhne@gael.com.ie

Bhí cárta 'íoc agus gabh' agam don ghuthán póca ach anois tá guthán ar conradh agam. Cuirim téacsanna go minic. Tá siad an-saor. Baineann achan duine úsáid astu na laethanta seo.

Bím ar an idirlíon chóir a bheith gach lá.

Ceisteanna

1 Cá mhéad guthán atá aige?
2 Cad é an uimhir atá aige sa bhaile?
3 Cad é an uimhir dá ghuthán póca?
4 Cad é an uimhir atá aige ag a chuid oibre?
5 An bhfuil uimhir facs aige? Tabhair domh í, le do thoil.
6 An gcuireann sé téacsanna go minic?
7 An dtiocfadh le duine ríomhphost a chur chuige?
8 An bhfuil cárta 'íoc agus gabh' aige dá ghuthán póca go fóill?
9 An mbíonn sé ar an idirlíon beagnach gach lá?
10 Cad é an uimhir ghutháin atá agat féin?

Freagraí (atá le cur san ord cheart)

a 78536943
b 97530416
c 07549217743
d Trí cinn. (*Or* Triúr.)
e Tá. Fan bomaite, le do thoil. Seo í: 78540397.
f Bíonn.
g Níl.
h Ní chuireann.
i Thiocfadh.
j Cum uimhir agus scríobh amach i bhfocail í.
Make up a number and write it out in words.

Seanfhocal an Lae

Is ar scáth a chéile a mhaireas na daoine.

15 Mo theaghlach

Tá seachtar i mo theaghlach.

Is mise Mánas Mag Uidhir. Is as Inis Ceithleann mé. Tá seachtar i mo theaghlach: mise, mo thuismitheoirí, triúr deirfiúr agus deartháir amháin.

Is é m'athair an duine is sine sa teaghlach. Tá seisean daichead a dó. Tá mo mháthair tríocha a naoi. Tá Deadaí trí bliana níos sine ná Mamaí ach is fearr leis a rá go bhfuil Mamaí trí bliana níos óige ná é. Déanann Mamaí gáire nuair a deir sé sin.

Is í Máire an duine is sine de na páistí, tá sise ocht mbliana déag d'aois. Is é Aodh an duine is óige sa teaghlach. Tá sé cúig bliana d'aois. Is mise an duine lár báire. Tá mé dhá bhliain déag d'aois. Tá Úna trí bliana déag d'aois – bliain amháin níos sine ná mé. Fágann sin Méabh. Tá sise ocht mbliana d'aois – ceithre bliana níos óige ná mé. Tá go leor gaolta eile agam.

Tá deichniúr uncail agus seachtar aintín agam. Tá seisear deartháir agus beirt dheirfiúr ag m'athair agus tá ceathrar deartháir agus cúigear deirfiúr ag Mamaí. Tá mo bheirt athair mór agus mo bheirt mháthair mhór beo go fóill. Tá fiche col ceathrar agam ach níl nia ná neacht agam.

Ceisteanna

1 An as Contae Fhear Manach Mánas?

2 Cá mhéad mac agus iníon atá ag tuismitheoirí Mhánais.

3 Cad é an aois a bheas (= a bheidh) ag máthair Mhánais ag an chéad bhreithlá eile?

4 Cé hé an duine is sine de na páistí?

5 Cé hé an duine is óige acu?

6 Cá mhéad bliain atá idir Máire agus Aodh?

7 An é Mánas an duine lár báire sa chlann?

8 An déagóir (í) Méabh?

9 An bhfuil níos mó aintín ag Mánas ná uncail?

10 An bhfuil an bheirt sheanathair agus an bheirt sheanmháthair beo fós?

Freagraí (atá le cur san ord cheart)

a Beidh sí daichead bliain d'aois.

b Is ea.

c Ní hea.

d Is é.

e Tá.

f Níl.

g Tá trí bliana déag eatarthu.

h Tá beirt mhac agus triúr iníon acu.

i Is í Máire an duine is sine de na páistí.

j Is é Aodh an duine is óige acu.

Seanfhocal an Lae

Is tibhe fuil ná uisce.

16 Tá gruaig fhada dhubh orm

Tá mise sé bliana déag d'aois. Tá mé ard agus tanaí.

Tá mise sé bliana déag d'aois. Tá mé ard agus tanaí. Tá mo shúile gorm agus tá gruaig dhonn orm. Tá mé cúig troithe agus trí horlaí ar airde. Tá mé naoi gcloch meáchain. Tá mé faiteach ciúin agus falsa.

Tá deirfiúr agam. Tá sí ocht mbliana déag d'aois. Tá sí cosúil liomsa san aghaidh. Tá a súile gorm. Tá gruaig rua uirthi. Tá a cuid gruaige fada agus catach ach tá mo chuidse gairid agus díreach. Tá sí deas, cainteach, bríomhar agus greannmhar.

Tá mo mháthair ocht mbliana is tríocha d'aois. Níl sí an-ard, cúig troithe agus orlach amháin. Níl sí tanaí ná ramhar. Tá sí deich gcloch agus trí phunt meáchain. Tá a súile donn. Tá gruaig fhada fhionn uirthi. Tá sí ciallmhar agus fial flaithiúil.

Tá m'athair dhá bhliain is daichead d'aois. Tá sé íseal go leor, cúig troithe agus sé horlaí. Tá sé trom - trí chloch déag agus naoi bpunt. Tá gruaig dhubh air, ach tá sé ag éirí liath. Tá a shúile glas. Tá sé cumasach, garach ach tostach. Is duine suaimhneach é. Níl féasóg ná croiméal air. Tá acmhainn grinn agus foighid aige.

Ceisteanna

1 An déagóir an chéad chainteoir?

2 An bhfuil sé beag, ramhar?

3 Cad é an dath atá ar a chuid súl?

4 An bhfuil sé níos airde ná a mháthair?

5 An duine leisciúil é?

6 Cá haois an deirfiúr?

 (= Cén aois atá ag an deirfiúr?)

7 Cá huair a bheas a mháthair daichead bliain d'aois? (= Cathain a bheidh a mháthair...?)

8 Cé acu is airde an mháthair nó an t-athair?

9 An mbíonn mórán le rá ag an athair?

10 An mbíonn sé á bhearradh féin go rialta?

Freagraí (atá le cur san ord cheart)

a Tá.

b Níl.

c Is ea.

d Ní hea.

e Bíonn.

f Ní bhíonn.

g Gorm.

h An t-athair.

i Tá sí ocht mbliana déag d'aois.

j I gceann dhá bhliain eile.

Seanfhocal an Lae

Más gaolmhar ní cosúil.

17 Breithlá sona duit, ach cén dáta?

Scríobh mé isteach cá huair a bhí breithlá ag gach duine sa teaghlach.

Tugadh féilire domh an lá faoi dheireadh. Thug mé liom abhaile í. Chroch mé in airde sa chistin í. Scríobh mé isteach cá huair a bhí breithlá ag gach duine sa teaghlach. Rinne mé sin sa dóigh is go gcoinneoinn cuimhne ar na dátaí sin.

Níl breithlá ag duine ar bith sa teach i Mí Eanáir ná i Mí Feabhra. Tá breithlá Mháire ann ar an chúigiú lá de Mhí Mhárta agus ceann Sheáin ar an deichiú lá de Mhí Aibreáin. Tá Mí na Bealtaine, Mí Mheithimh agus Mí Iúil saor.

Tá breithlá Chaitlín ar an cheathrú lá is fiche de Mhí Mheán Fómhair. Is é breithlá Shéamais an chéad cheann eile, titeann sin ar an tríú lá de Mhí Dheireadh Fómhair. Beidh lá mór ag Pól ar an tríochadú lá de Mhí na Samhna. Beidh sé ocht mbliana déag d'aois. Caithfear sin a cheiliúradh.

Sula ndéana mé dearmad, beidh mo bhreithlá féin ann ar an ochtú lá de Mhí na Nollag. Scríobhfaidh mé sin isteach i mbloclitreacha - ar eagla na heagla. Níor mhaith liom go ndéanfaí dearmad orm! Tá súil agam go bhfaighidh mé bronntanas.

Ceisteanna

1 Arbh éigean di an fhéilire a cheannacht?

2 Cá háit ar chroch sí an fhéilire?

3 Cén fáth ar scríobh sí breithlá gach duine ar an fhéilire?

4 An mbeidh uirthi bronntanas a cheannacht i Mí Eanáir?

5 Ar rugadh Máire san fhómhar?

6 Cá huair atá breithlá Sheáin ann?

7 Cé a rugadh ar an lá dheireanach de Mhí na Samhna?

8 Cad é mar a scríobhfaidh sí a breithlá féin isteach ar an fhéilire?

9 Cad chuige a ndéanfaidh sí sin?

10 Cá huair a gheobhas sí (= a gheobhaidh sí) bronntanas eile an mhí sin, i do bharúil?

Freagraí (atá le cur san ord cheart)

a Pól.

b Ní bheidh.

c Níorbh éigean. Fuair sí saor in aisce í.

d Chroch sí in airde sa chistin í.

e I mbloclitreacha.

f Sa dóigh is go gcoinneodh sí cuimhne ar bhreithlá gach duine sa teach.

g Sa dóigh is nach ndéanfar dearmad ar a breithlá féin.

h Ar an chúigiú lá is fiche, lá Nollag.

i Níor rugadh.

j Ar an deichiú lá de Mhí Aibreáin.

Seanfhocal an Lae

As amharc, as intinn.

18 Siopadóireacht na seachtaine

Bhí an tralaí chóir a bheith lán ach ní raibh mé réidh go fóill.

B'éigean domh peann a fháil agus liosta a scríobh de na rudaí a bhí de dhíth orm. Thiomáin mé go dtí an t-ollmhargadh, pháirceáil an carr agus thug liom tralaí.

Bhí bia de dhíobháil orainn. Sicín, iasc agus feoil – ispíní, muiceoil, liamhás, stéig agus gríscíní. Bhí glasraí uainn fosta: préataí, tréataí, leitís, cúcamar, cairéid, piseanna, pónairí, cál, beacáin agus oinniúin.

Bhí torthaí ag teastáil uainn comh maith: úllaí, oráistí, líomóidí, piorraí, plumaí, bananaí, fíonchaortha agus sútha talún.

Shiúil mé anonn go dtí na cuisneoirí. Thug mé liom bainne, im, uachtar úr, uibheacha, sú oráiste, iógart, cáis, uachtar reoite agus traidhfil. Bhí an tralaí chóir a bheith lán ach ní raibh mé réidh go fóill – ná baol air.

Fuair mé arán - builbhíní, rollóga, bunóga, císte agus brioscaí. Chuartaigh mé anlann, salann, piobar, fínéagar, tae, caife agus siúcra. Bhí sópa, rásúir, cúr bearrtha, taos fiacla agus púdar níocháin le ceannacht freisin. Bhí an bille an-daor – ní nach ionadh! D'íoc mé le cárta creidmheasa é.

Ceisteanna

1   Ar choinnigh sí cuimhne ina cloigeann ar gach rud a bhí de dhíth uirthi?

2   Cad é mar a bhain sí an t-ollmhargadh amach?

3   Ar iompair sí an bia i mbascaed?

4   Ar cheannaigh sí an fheoil sular cheannaigh sí na glasraí?

5   Ar chuartaigh sí anlann sula ndeachaigh sí go dtí an cuisneoir?

6   Cad chuige a gcoinnítear rudaí mar bhainne agus im i gcuisneoir?

7   Ar cheannaigh sí lacha nó uaineoil?

8   Dá mbeifeá sa scuaine i ndiaidh na mná seo, an mbeifeá ag fanacht i bhfad?

9   An mbeadh iontas ort gur chaith sí uair an chloig san ollmhargadh?

10 Ar chosain an tsiopadóireacht a lán?

Freagraí (atá le cur san ord cheart)

a   Cheannaigh.

b   Níor cheannaigh.

c   Níor choinnigh. Bhí i bhfad barraíocht le ceannacht aici.

d   Níor iompair.

e   Thiomáin sí sa charr go dtí é.

f   Bheinn. (*or* Bheadh.)

g   Ní bheadh.

h   Níor chuartaigh.

i   Chosain.

j   Ní rachaidh siad amú comh gasta ansin.

Seanfhocal an Lae

Ní choinníonn an soitheach ach a lán.

19 Oifig an Phoist: Tá stampa de dhíth

Bhí cárta gutháin de dhíth ar mo dheirfiúr.

Nuair a bhí mo bhricfeasta ite agam agus na soithí nite agus triomaithe agam, chuaigh mé amach go hoifig an phoist.

Bhí litir scríofa agam chuig cara de mo chuid ach ní raibh clúdach ná stampa agam di. Cheannaigh mé trí stampa den chéad aicme agus dhá cheann den dara haicme. Cheannaigh mé cúpla cárta poist fosta. Chuir mé an litir sa phost ansin.

Bhí an pinsean le tógáil agam do mo mháthair mhór. Tá aithne mhaith ag ardmháistreas an phoist orainn. Is cairde muid.

Bhí cárta gutháin de dhíth ar mo dheirfiúr agus euronna ag teastáil ó m'athair. D'athraigh mé céad punt sterling agus fuair mé céad euro agus daichead – lúide an coimisiún, ar ndóigh, trí faoin chéad.

Bhí beairtín le cur ag mo mháthair chuig a haintín. Chuir mé sin ar na scálaí. B'éigean domh an costas poist a íoc ansin. Bhí bille le híoc agam féin fosta. Bhí rún agam seic a scríobh ach rinne mé dearmad mo sheicleabhar a thabhairt liom. Chuaigh mé anonn go dtí 'an poll sa bhalla' agus tharraing mé amach an t-airgead. Chuntais mé é sular chuir mé i mo sparán é.

Ceisteanna

1 An raibh gach rud réitithe aici sular fhág sí an teach?

2 Cá raibh a triall? (= Cá raibh sí ag dul?)

3 Cad é a bhí de dhíth uirthi don litir?

4 Cá mhéad stampa a cheannaigh sí?

5 Cad é mar atá a fhios agat gur éirigh a seanmháthair as a post?

6 Cad é a bhí de dhíobháil ar a deirfiúr?

7 Cad é a bhí óna hathair?

8 Ar mheáigh sí an beairtín?

9 Ar thug sí léi a seicleabhar.

10 Ar íoc sí an bille le hairgead réidh?

Freagraí (atá le cur san ord cheart)

a Bhí sí ag dul go hoifig an phoist.

b Bhí clúdach agus stampa de dhíth uirthi.

c Bhí cárta fóin de dhíobháil uirthi.

d Bhí euronna uaidh.

e Bhí.

f D'íoc.

g Mheáigh.

h Níor thug.

i Cúig cinn. (*Or* Cúigear.)

j Bhí an pinsean le tógáil aici.

Seanfhocal an Lae

Is treise peann ná claíomh!

20 Tiontaigh ar dheis agus ansin ar clé

'Gabh mo leithscéal, le do thoil, tá mé caillte.'

Fuair mé post in oifig eolais i rith an tsamhraidh. Thug mé a lán treoracha do dhaoine i mo lá oibre. Seo cúpla sampla.

'Cá bhfuil an banc, a dhuine uasail?' 'Gabh amach, tiontaigh ar clé, siúil go dtí an coirnéal tiontaigh ar dheis agus tchífidh tú (= feicfidh tú) an banc os do chomhair.'

'Gabh mo leithscéal, le do thoil, tá mé caillte. Cá háit a bhfuil oifig an phoist?'

'Téigh amach, tiontaigh ar dheis agus siúil leat díreach ar aghaidh. Tóg an tríú sráid ar dheis agus siúil síos píosa beag. Tiontaigh ar clé agus beidh amharclann ann. Tá oifig an phoist in aice leis sin.'

'Cá bhfuil an bhialann, más é do thoil é?'

'Gabh suas an staighre go dtí an dara hurlár. Tiontaigh ar dheis agus gabh síos an pasáiste go dtí an chéad doras ar clé'.

'An bhfuil ardaitheoir ann?'

'Tá. Tá sé ar do chúl - faoin staighre.'

'Cá bhfuil an iarsmalann?' 'Gabh amach agus siúil trasna na sráide. Gabh síos lána beag taobh leis an eaglais. Tiocfaidh tú amach ag an iarsmalann. Seo léarscáil duit.'

Ceisteanna

1 Cá raibh sé ag obair i rith an tsamhraidh?
2 Ar chuidigh sé le cuid mhór daoine le linn an phoist?
3 Cá rachfá le euronna a athrú go sterling?
4 Cá rachfá le stampaí a cheannacht?
5 An bhfuil an amharclann agus oifig an phoist taobh le chéile?
6 An bhfuil an bhialann ar an bhunurlár?
7 Cá bhfuil an t-ardaitheoir suite?
8 An raibh cuairteoir amháin ag iarraidh an músaem a aimsiú?
9 Arbh éigean don chuairteoir sin siúl síos cosán leis an iarsmalann a bhaint amach?
10 Ar tugadh mapa don chuairteoir sin?

Freagraí (atá le cur san ord cheart)

a Chuidigh.
b Tá.
c Bhí sé fostaithe in oifig turasóireachta.
d Rachainn go dtí an banc.
e Rachainn go hoifig an phoist.
f Tugadh.
g Faoin staighre.
h B'éigean.
i Bhí.
j Níl.

Seanfhocal an Lae

Doras feasa fiafraí.

21 An aimsir: Tá lá deas ann.

   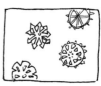

Tá sé grianmhar. Tá sé scamallach. Tá sé ag cur. Tá sé ag cur sneachta

Bhí an aimsir bunoscionn!

Bhí aimsir mheasctha againn an tseachtain seo a chuaigh thart. Ní fhaca mé a leithéid riamh. Bhí an aimsir bunoscionn!

Bhí lá breá ann Dé Luain. Bhí sé te agus bhí an ghrian ag soilsiú. Tháinig athrú Dé Máirt. Bhí sé tirim ach scamallach. Ní raibh gaoth ar bith ann ná níor chuir sé.

Bhí sé fliuch Dé Céadaoin. Bhí ceo agus ceathanna ann ar maidin. D'éirigh sé níba mheasa tráthnóna. Bhí sé ag cur go trom. Bhí drochlá ann Déardaoin. Bhí sé ag báistigh. Ní dhearna sé turadh ar bith an lá sin. Bhí mé fliuch go craiceann – ar maos!

Chuaigh rudaí chun donais maidin Dé hAoine. Bhí sioc agus clocha sneachta ann. Bhí sé ag cur sneachta ag am lóin. Fá am tae, bhí sé ag plúchadh sneachta. Bhí na bóithre sleamhain. Níor mhair sin i bhfad. Tháinig cascairt Dé Sathairn.

Bhí sé iontach stoirmiúil Dé Domhnaigh. Bhí an ghaoth ag séideadh go láidir. Tháinig solais agus toirneach. Mhair an stoirm an oíche ar fad. Níor chorraigh mé amach as an teach. D'fhan mé istigh. Tá súil agam go mbeidh lá breá ann amárach.

Ceisteanna

1 An raibh an aimsir taodach an tseachtain seo caite?
2 An raibh sioc ann Dé Luain?
3 Ar thit an teocht Dé Céadaoin?
4 Ar mhair an fhearthainn an mhaidin ar fad
   Dé Céadaoin?
5 Ar mhair an fhearthainn an lá ar fad Déardaoin?
6 Ar fliuchadh Déardaoin é?
7 Ar tháinig biseach ar an aimsir ar maidin Dé hAoine?
8 Cad chuige nár thiomáin sé a charr i ndiaidh am tae
   Dé hAoine?
9 Ar thit an teocht Dé Sathairn?
10 Cén lá a raibh stoirm nó gála ann?

Freagraí (atá le cur san ord cheart)

a Thit.
b Níor thit.
c Mhair.
d Níor mhair.
e Bhí.
f Ní raibh.
g Dé Domhnaigh.
h Bhí na bóithre sleamhain agus contúirteach.
i Níor tháinig.
j Fliuchadh.

Seanfhocal an Lae

Níl tuile dá mhéad nach dtránn.

51

22 D'ól mé an tae sular ith mé an bia

D'ith mé bricfeasta mór.

D'éirigh mé inné - ach mhúscail mé sular éirigh mé ar ndóigh!
D'ith mé bricfeasta mór ach d'ól mé cupa tae sular ith mé an bia.
Nigh mé mé féin sular chuir me orm mo chuid éadaigh. Chuir mé
mo mhála sa charr sular thiomáin mé go dtí an oifig. D'imigh mé
liom. Bhí an tracht an-trom ag an am sin de mhaidin.

Chuaigh mé isteach go hoifig an stiúrthóra sula ndeachaigh mé
isteach i m'oifig féin. Chonaic seisean mise sula bhfaca mise
eisean. 'Mall arís?' 'Ó, níl ar chor ar bith. Bhí mé anseo sula raibh
duine ar bith eile ann.' D'iarr sé orm suí. Rud a rinne mé.

Shuigh sé síos le figiúir a phlé liom, ach rinne sé scairt ghutháin
sula ndearna sé sin. Thug sin faill domhsa dhul amach agus cupa
beag caife a bheith agam sular thosaigh an cruinniú. Thosaigh an
cruinniú ar ceathrú i ndiaidh a naoi ach bhí sé thart roimh a deich
– ar an dea-uair. Níor mhair sé i bhfad.

Bhí litir le scríobh agam. Thug mé cóip di do mo chomhghleacaí.
Léigh sise domh í sular chuir mé sa phost í. Bhí coinne agam leis
an dlíodóir ar a haon déag. Léigh mé na ríomhphoist sular fhág
mé an oifig. Tháinig mé ar ais roimh am lóin. Bhí mé stiúgtha!

Ceisteanna

1 Ar éirigh sí sular dhúisigh sí inné?

2 Ar ith sí bricfeasta éadrom?

3 Ar ghléas sí í féin sular nigh sí í féin?

4 An raibh sise san oifig sular tháinig an stiúrthóir isteach?

5 Ar inis sí an fhírinne dó?

6 Ar shuigh sí síos sular iarr sé uirthi suí?

7 Ar labhair an stiurthóir ar an ghuthán go díreach sular phleígh sé na figiúir léi?

8 An bhfuair sí seans dhul amach agus bolgam caife a ól roimh an chruinniú?

9 Ar léigh a comhghleacaí an litir a bhí scríofa aici sular chuir sí sa phost í?

10 An raibh na ríomhphoist léite aici sula ndeachaigh sé leis an dlíodóir a fheiceáil?

Freagraí (atá le cur san ord cheart)

a Bhí.

b Ní raibh.

c Níor éirigh, dhúisigh sí roimh ré.

d Níor ith.

e Níor shuigh.

f Níor inis.

g Níor ghléas.

h Fuair.

i Léigh.

j Labhair.

Seanfhocal an Lae

Is maith an t-anlann an t-ocras.

23 Rogha gach bídh agus togha gach dí

Chuir muid tábla in áirithe i mbialann áitiúil.

Bhí ócáid mhór againn ar na mallaibh - ceiliúradh. Chuir muid tábla in áirithe i mbialann áitiúil. Bhí scaifte mór againn ann. Bhí ceathrar ina suí ag gach tábla. Bhí an chuideachta ar fheabhas.

Tháinig an freastalaí thart agus thug biachlár do gach duine. Ghlac muid ár gcuid ama. D'ordaigh gach duine deoch, réamhchúrsa, príomhchúrsa agus milseog.

Thosaigh mise le bradán deataithe. Bhí sicín, préataí agus cabáiste agam ansin. D'ith mé maróg agus uachtar mar mhilseog. Fuair mo chomhghleacaí anraith agus ansin stéig, sceallóga agus cairéid. Thogh sé toirtín úll agus uachtar reoite mar mhilseog.

Bhí beirt stráinséir ina suí linn. D'ith duine amháin acu sailéad agus cáis ghabhair; lacha, brúitín agus turnapaí. Fuair sé císte seacláide don tríú cúrsa. Phioc an duine eile uibheagán; uaineoil, préataí gairleoige agus cál. Chríochnaigh sí le sailéad torthaí agus cupa caife. Bhí gach duine lán go béal.

Bhí an béile blasta agus bhí an tseirbhís ar fheabhas. D'íoc muid an bille agus thug muid síntiúnas maith don fhreastalaí.

Ceisteanna

1 An ndeachaigh siad amach tamall fada ó shin?

2 An ndeachaigh slua mór go dtí an béile?

3 An raibh deifir orthu ag ordú?

4 Ar bhialann féinseirbhíse í?

5 An raibh cál ar an bhiachlár?

6 Cad é a d'ith an chéad stráinséir?

7 Cad é mar atá a fhios agat go raibh dúil ag an dara stráinséir in uibheacha?

8 Ar thaitin an béile le gach duine sa chuideachta?

9 Cad é mar a bhí an tseirbhís?

10 Ar tugadh rud ar bith don fhreastalaí ag deireadh na hoíche?

Freagraí (atá le cur san ord cheart)

a Bhí.

b Ní raibh.

c Chuaigh.

d Ní dheachaigh.

e Bhí sí ar dóigh.

f Thaitin.

g Tugadh. Fágadh airgead ar an bhord dó.

h Níorbh ea.

i D'ordaigh sí uibheagán mar thúsaitheoir.

j D'ith sé sailéad agus cáis ghabhair i dtús báire, ansin lacha, brúitín agus turnapaí. Bhí ciste seacláide mar mhilseog aige.

Seanfhocal an Lae

Ith é nó íosfar i do dhiaidh é!

24 Cad é mar a bhris tú an ceamara?

Thit sé amach as mo lámh agus mé ag ceannacht scannán úr dó.

'Cad é mar a bhris tú an ceamara, a mhic? Agus cá háit ar bhris tú é?' arsa m'athair liom. 'Thit sé amach as mo lámh agus mé ag ceannacht scannán úr dó', arsa mise.

'Cá huair a cheannaigh tú an scannán?' 'Maidin inné.' 'Cad chuige ar cheannaigh tú ceann úr?' 'Bhí an seancheann lán.' 'Cá háit ar cheannaigh tú an scannán?' 'San ionad siopadóireachta.'

'Cad é mar a chuaigh tú amach ansin?' 'Thug mo chara síob domh.' 'Cad chuige a ndeachaigh sibh go dtí an áit sin?' 'Bhí cúpla rud de dhíth orm as na siopaí eile.'

'Cad é a bhí de dhíth ort?' 'Bróga spóirt agus cóta fearthainne.' 'Cén fáth a raibh cóta mar sin de dhíobháil ort? Nár ceannaíodh ceann duit mí ó shin?' 'Ceannaíodh, ach cailleadh é.'

'Cé a chaill é?' 'Mise, ar ndóigh.' 'Cá háit ar chaill tú é?' 'Ar scoil?' 'Cad é a rinne tú leis?' 'D'fhág mé sa halla spóirt é.' 'Cad chuige a ndearna tú sin? 'Bhí cluiche agam agus d'imigh mé gan é.' 'Cad é mar a d'imigh tú gan é?' 'Níl a fhios agam.' 'Cá háit ar imigh tú?' 'Go dtí an tsólann.'

Ceisteanna

1 Cad é mar a bhris sé an ceamara?

2 Ar ghlac sé grianghraif leis an cheamara sular bhris sé é?

3 Más inniu an Satharn, cá huair a cheannaigh sé an scannán úr?

4 Cén fáth ar cheannaigh sé scannán úr?

5 Cár cheannaigh sé an scannán? (= Cá háit ar cheannaigh sé...?)

6 Cad é eile a bhí de dhíth ar an mhac taobh amuigh den scannán úr?

7 Cad é a tharla don chóta a bhí aige?

8 Cad é mar a chaill sé an cóta?

9 Cad é mar a rinne sé dearmad den chóta?

10 Cá háit a ndeachaigh sé i ndiaidh an chluiche?
(= Cá ndeachaigh sé tar éis an chluiche?)

Freagraí (atá le cur san ord cheart)

a Dé hAoine.

b Is léir go raibh ceann eile de dhíth air.

c Bhí bróga spóirt agus cóta fearthainne de dhíth air comh maith.

d Is cosúil gur cailleadh é.

e Shleamhnaigh sé amach as a lámh agus é ag ceannacht scannán nua dó.

f San ionad siopadóireachta.

g Bhí sé féin tógtha i ndiaidh an chluiche agus d'imigh an cóta amach as a cheann.

h Chuaigh sé go dtí an tsólann.

i Ghlac cinnte, nó bhí an seanscannán lán.

j D'fhág sé ina dhiaidh sa halla spóirt é.

Seanfhocal an Lae
Ní fál go haer é.

25 Sláinte, tinneas agus leigheas

Bhí slaghdán orm cúpla lá ó shin.

Bhí slaghdán orm cúpla lá ó shin. Bhí tinneas cinn orm agus bhí píochán ionam. Ghlac mé cúpla piolla agus d'ól deoch the. Bhí bliain mhillteanach againn anuraidh. Bhí beagnach gach duine sa teach tinn.

Bhí taisme ag mo bhean chéile. Thit sí. Bhris sí a lámh agus leon sí a cos. B'éigean di fanacht ina luí cúpla mí. Thug muid aire di sa bhaile agus bhisigh sí. Tá sí ar a seanléim anois, buíochas do Dhia.

Bhí déideadh ar an pháiste is óige i Mí Iúil. Rinne mé coinne leis an fhiaclóir. Tugadh instealladh di agus baineadh an fhiacail amach. Tá sí ceart go leor anois.

Bhí mo mhac ag súgradh amuigh ar an tsráid. Leag carr é. Gortaíodh go dona é. Chuir mé fios ar otharcharr. Tugadh chuig an ospidéal é. Bhí na banaltraí agus na dochtúirí iontach maith. Thug siad slán as an chontúirt é. Tá biseach mór air.

Tháinig an bhruitíneach ar an chúpla ach níor mhair sin i bhfad. Ghearr m'athair a mhéar. Cuireadh sé ghreim inti. Cuireadh bindealán ar a mhéar agus chneasaigh sí.

Ceisteanna

1 An raibh sceadamán nimhneach air?

2 Cad é a thóg sé chun sin a leigheas?

3 An raibh achan duine i mbarr na sláinte?

4 Cad é a d'éirigh dá bhean chéile?

5 Cá fhad a bhí sí ina luí?

6 Ar tugadh aire di san otharlann i rith na tréimhse sin?

7 Cén duine sa teach a raibh tinneas fiacaile air?

8 Cad é mar a chuaigh an mac go dtí an t-ospidéal?

9 Ar gortaíodh an mac go dona?

10 Cad chuige a raibh a athair ag cur fola?

Freagraí (atá le cur san ord cheart)

a Taibléad agus deoch the.

b Bhí.

c Ní raibh, ar an drochuair.

d Bhí sí ina luí le cúpla mí.

e Gortaíodh.

f Níor tugadh.

g Bhí timpiste aici.

h Ar an ábhar gur ghearr sé a mhéar.

i An páiste is óige.

j Tugadh ann san otharcharr é.

Seanfhocal an Lae

Is maol gualainn gan bráthair.

26 An taisce a coinníodh san áiléar

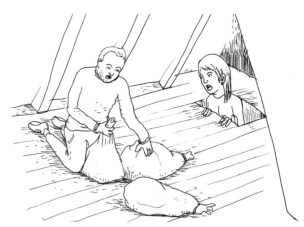

Cuireadh taisce i bhfolach i málaí agus coinníodh thuas san áiléar iad.

Dúradh rud an lá faoi dheireadh a chuir iontas orm. Díoladh teach le lánúin agus chuathas isteach ann. Blianta roimhe sin, cuireadh taisce i bhfolach i málaí agus coinníodh thuas san áiléar iad. Fuarthas ór agus seoda iontu.

Chonacthas seanfhear ag tarraingt ar an teach blianta ó shin ach ní fhacthas a aghaidh. Bhíothas ag smaoineamh gurbh eisean a d'fhág na málaí ansin, ach ní rabhthas cinnte. Ní bhfuarthas amach ná níor chualathas riamh cérbh é.

Nuair a fuarthas an taisce, glaodh ar na gardaí. Tugadh na málaí síos chuig an stáisiún agus cuireadh faoi ghlas ansin iad. Rinneadh fiosrúchán mór ach níor thángthas ar an té ar leis an saibhreas seo.

Níor baineadh den taisce ar feadh bliana agus ansin cuireadh ríomhphost chuig an lánúin. (h)Iarradh orthu theacht go dtí an stáisiún. (h)Insíodh dóibh go dtiocfadh leo an stuif a thabhairt abhaile leo.

Tugadh na málaí abhaile. Fágadh thuas san áiléar arís iad. I lár na hoíche goideadh iad! Chonacthas seanfhear á n-iompar ar a dhroim - ach níor creideadh an scéal sin.

Ceisteanna

1 Ar (h)insíodh an scéal seo di i bhfad ó shin?

2 Ar baineadh stad aisti nuair a chuala sí an scéal?

3 Ar díoladh an teach le duine aonair?

4 Ar cuireadh an taisce i bhfolach taobh amuigh den teach?

5 An bhfacthas aghaidh an tseanduine riamh?

6 Ar tugadh na málaí go stáisiún na ngardaí?

7 An ndearnadh fiosrúchán fán taisce?

8 Ar ligeadh don lánúin an taisce a choinneáil nuair a bhí an bhliain istigh?

9 Ar briseadh isteach sa teach i lár na hoíche?

10 Ar sciobadh na málaí as an áiléar?

Freagraí (atá le cur san ord cheart)

a Baineadh.

b Níor díoladh.

c Níor cuireadh.

d Níor (h)insíodh.

e Ní fhacthas.

f Briseadh.

g Tugadh.

h Sciobadh.

i Ligeadh.

j Rinneadh.

Seanfhocal an Lae

Seachnaíonn súil ní nach bhfeiceann.

27 Seán Ó Dochartaigh i rith na seachtaine

Ceannaíonn sé milseáin agus nuachtán nó iris sa tsiopa sin.

Éiríonn Seán Ó Dochartaigh luath ar maidin. Buaileann an clog agus bíonn sé ina shuí ar an bhomaite. Níonn sé é féin agus cuireann (sé) air a chuid éadaigh.

Tagann sé anuas an staighre agus déanann sé réidh a bhricfeasta. Caitheann sé tamall beag ag amharc ar an nuacht ar leath i ndiaidh a seacht. Imíonn sé chuig a chuid oibre deich mbomaite ina dhiaidh sin.

Tiomáineann sé chuig an oifig ina charr féin de ghnáth. Corruair, má bhíonn an aimsir maith - agus má bhíonn an t-am aige - siúlann sé isteach go dtí an oifig.

Tugann sé leis ceapairí agus buidéal uisce d'am lóin. Stadann sé an carr ag siopa beag. Tá an siopa beag suite idir a theach féin agus an oifig. Ceannaíonn sé milseáin agus nuachtán nó iris sa tsiopa sin.

Itheann sé na ceapairí, ólann sé an t-uisce agus léann sé an páipéar ag am lóin. Suíonn sé síos agus labhraíonn sé lena chairde. Baineann sé sult as an chraic agus as an chuideachta. Stadann sé don lón ar a haon. Tosaíonn sé ar an obair arís ar a dó.

Ceisteanna

1 An éiríonn Seán mall gach lá?

2 An éiríonn sé díreach nuair a bhuaileann an clog ar maidin?

3 An bhfuil sé ina chónaí i mbungaló?

4 An amharcann sé ar an teilifís ar maidin?

5 An bhfágann sé an teach roimh a hocht?

6 An bhfuil ceadúnas tiomána aige?

7 An dtugann sé a lón féin leis?

8 An dtugann fear an tsiopa an nuachtán saor in aisce dó?

9 An imríonn sé peil ag am lóin?

10 An mbíonn uair an chloig aige don lón?

Freagraí (atá le cur san ord cheart)

a Tá.

b Níl.

c Éiríonn.

d Ní éiríonn.

e Tugann.

f Ní thugann.

g Fágann.

h Amharcann.

i Bíonn.

j Ní imríonn.

Seanfhocal an Lae

Ní bhfuair an madadh rua teachtaire níb fhearr ná é féin riamh.

28 Lá le Bríd Ní Dhochartaigh

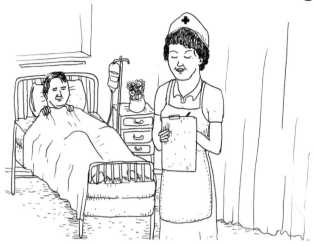

Bíonn sí ag obair i rith an lae an aimsir seo.

Is banaltra (í) Bríd Ní Dhochartaigh. Is as Gaoth Dobhair ó dhúchas í ach tá sí ina cónaí i mBaile Átha Cliath. Téann sí ar cuairt go Gaoth Dobhair uair sa mhí.

Caitheann sí leath den bhliain ag obair san oíche agus an leath eile ag obair sa lá. Bíonn sí ag obair i rith an lae an aimsir seo. Taitníonn na huaireanta sin níos fearr léi.

Tosaíonn sí a cuid oibre ar a naoi a chlog agus críochnaíonn sí ar leath i ndiaidh a ceathair de ghnáth. Nuair a bhíonn an lá thart tugann sí síob abhaile dá cara Síle.

Fágann Bríd Síle ag a teach féin agus ansin tiomáineann sí abhaile. Téann sí amach go dtí an t-ollmhargadh gach oíche Dhéardaoin. Ceannaíonn sí bia agus earraí na seachtaine ansin. Líonann sí an carr!

Tagann sí abhaile i dtrátha leath i ndiaidh a cúig de ghnáth. Ní amharcann sí ar an teilifís ag teacht isteach di. Éisteann sí le ceol. Seinneann sí dlúthdhiosca nó téip. Baineann sí sult as an cheol chlasaiceach de bhrí go cuireann sé ar a suaimhneas í. Bíonn sin mar éalú ó bhrú an tsaoil aici.

Ceisteanna

1 An as Baile Átha Cliath Bríd?

2 An banaltra (í) Bríd?

3 An dtéann sí go Gaoth Dobhair i rith na bliana?

4 An dtéann sí go dtí an t-ollmhargadh oíche Dé Céadaoin?

5 An gceannaíonn sí mórán earraí san ollmhargadh?

6 An siúlann Síle abhaile gach lá?

7 An amharcann Bríd ar an teilifís nuair a thagann sí abhaile?

8 An mbaineann sí an teach amach roimh a cúig?

9 An mbaineann sí sult as an cheol?

10 An gcuireann an ceol fonn maith uirthi?

Freagraí (atá le cur san ord cheart)

a Téann.

b Ní théann.

c Is ea.

d Ní hea.

e Ní shiúlann.

f Ní amharcann.

g Ceannaíonn.

h Cuireann.

i Baineann.

j Ní bhaineann.

Seanfhocal an Lae

Is fearr an tslainte ná na táinte.

29 Éirím, déanaim lá oibre agus téim a luí

Seal s'agatsa, a Dheadaí!

Mura mbíonn sé rómhall, imrím cluiche leo …

Éirím ar maidin ar a hocht. Ním mé féin, cuirim orm mo chuid éadaigh agus ithim mo bhricfeasta. Fágaim an teach ar leath i ndiaidh a hocht agus sroichim mo chuid oibre leathuair an chloig ina dhiaidh sin. Tosaím láithreach lom agus déanaim lá cothrom oibre. Críochnaím ar a ceathair.

Caithim leathuair ag taisteal ón oifig go dtí an teach. Nuair a bhím réidh leis an dinnéar, téim amach ar siúlóid. Tagaim ar ais agus suím síos seal. Má chluinim na páistí ag troid deirim leo stad. Labhraím leo agus éistim le dhá thaobh an scéil. Déanaim iarracht an scéal a réiteach – rud nach mbíonn furast.

Mura mbíonn sé rómhall, imrím cluiche leo nó insím scéal dóibh. Cuirim a luí i dtrátha a naoi iad. Amharcaim ar an teilifís tamall. Má bhíonn a dhath ar bith suimiúil ag dul, coimheádaim sin. Mura mbíonn, éistim leis an raidió nó léim an nuachtán.

Bím measartha tuirseach thart fá leath i ndiaidh a deich. Má fhaighim faill, fágaim éadaí amuigh agus déanaim réidh lón don lá arnamhárach. Ach má mhothaím róthuirseach bainim díom agus téim a luí. Titim i mo chodladh ar an bhomaite.

Ceisteanna

1 An ngléasann tú thú féin sula mbíonn bricfeasta agat?

2 An gcaitheann tú trí huaire an chloig ag déanamh réidh sa teach ar maidin?

3 Cad é an t-am a mbaineann tú do chuid oibre amach de ghnáth?

4 An dtagann deireadh leis an lá oibre roimh a cúig?

5 Cad é a iarrann tú ar na páistí a dhéanamh má chluineann tú ag troid iad?

6 An ndéanann tú iarracht síocháin a chothú i measc na bpáistí?

7 An imríonn tú cluiche leis na páistí má bhíonn faill agat?

8 An mbíonn na páistí ina luí roimh a deich?

9 An léann tú an nuachtán corruair?

10 An dtéann tú a luí má bhíonn tuirse ort?

Freagraí (atá le cur san ord cheart)

a I dtrátha a naoi a chlog.

b Tagann.

c Gléasaim.

d Ní chaithim.

e Déanaim. (*Or* Ghním. *Ulster.*)

f Bíonn.

g Téim.

h Iarraim orthu éirí as.

i Imrím.

j Léim.

Seanfhocal an Lae

Thíos seal, thuas seal.

30 Clíona Ní Eara as Cnoc na nDealg

Tagaim chun na scoile ar an bhus – le mo chara Úna.

Is mise Clíona Ní Eara. Is dalta scoile mé. Tá mé ag freastal ar Choláiste Chnoc na nDealg i nDoire. Tá mé i mbliain a haon déag. Sroichim an scoil gach maidin go gairid roimh a naoi. Tagaim chun na scoile ar an bhus – le mo chara Úna. Suímid le chéile.

Tosaíonn an lá scoile ar ceathrú i ndiaidh a naoi. Seo an clár ama atá agam don Mháirt. Tíos, Teicneolaíocht agus Spáinnis.

Bíonn sos agam ar leath i ndiaidh a deich – agus é de dhíth orm! Bíonn Gaeilge, Laidin agus Béarla agam ansin. Ithim mo lón i mbialann na scoile gach lá. Bíonn sé blasta.

I ndiaidh am lóin, bíonn Ríomhaireacht, Mata, Eolaíocht agus Stair agam. Is í an Déardaoin an lá is fearr liom ar scoil mar go mbíonn Ceol agus Corpoideachas agam an lá sin. Is é an Ceol an t-ábhar is fearr liom agus is í an Fhisic an t-ábhar is measa liom. Is breá liom an Ghaeilge agus an Spáinnis. Tá mé tugtha do na teangacha. Tá suim mhór agam iontu.

Cé gur maith liom an Eolaíocht is fearr liom an Mata ná í. Is deas liom mo scoil. Tá cairdeas mór idir na múinteoirí agus na daltaí.

Ceisteanna

1 Cén scoil a bhfuil sí ag freastal uirthi?
2 Cá huair a bhaineann sí an scoil amach?
3 Cad é mar a théann sí ar scoil?
4 Cén t-ábhar a bhíonn aici sa dara rang Dé Máirt?
5 An mbíonn sí ag súil leis an tsos ar maidin?
6 Cá háit a n-itheann sí a lón gach lá?
7 Cén lá den tseachtain is fearr léi?
8 Cén t-ábhar is fearr léi?
9 Cén t-ábhar is measa léi?
10 Cé acu is fearr léi an Eolaíocht ná an Mata?

Freagraí (atá le cur san ord cheart)

a Baineann sí an scoil amach go gairid roimh a naoi.
b Téann sí ar scoil ar an bhus.
c Tá sí ag freastal ar Choláiste Chnoc na nDealg i nDoire.
d Bíonn. Bíonn sí ag dréim go mór leis.
e Bíonn Teicneolaíocht aici ag an am sin.
f Is í an Fhisic an t-ábhar is measa léi.
g Is é an Ceol an t-ábhar is fearr léi.
h Iteann sí a lón i mbialann na scoile.
i (Is fearr léi) an Mata.
j Is í an Déardaoin an lá den tseachtain is fearr léi.

Seanfhocal an Lae

Muna gcuire tú san earrach, ní bhainfidh tú san fhómhar.

31 Micheál Ó Baoill as Coláiste Phádraig

Bainim an scoil amach gach maidin ar deich go dtí a naoi.

Is mise Micheál Ó Baoill. Is dalta scoile mé. Tá mé ag freastal ar Choláiste Phádraig, i mBéal Feirste. Tá mé i mbliain a deich. Bainim an scoil amach gach maidin ar deich go dtí a naoi. Tugann m'athair síob chun na scoile domh.

Tosaíonn na ranganna ar a naoi. Seo an clár ama atá agam don Luan. Béarla, Gaeilge, Mata agus ansin sos. Ceimic, Fisic, Bitheolaíocht agus ansin bíonn lón agam. Tugaim liom ceapairí agus torthaí agus ithim iad. Ólaim buidéal uisce fosta.

Tráthnóna, bíonn Stair, Fraincis, Teagasc Críostaí agus Tíreolaíocht agam. Is í an Mháirt an lá den tseachtain is fearr liom. Bíonn Corpoideachas agus Drámaíocht agam an lá sin. Is breá liom na hábhair sin. Is í an Ghaeilge an t-ábhar is fearr liom ach is é an Mata an t-ábhar is measa liom.

Cé gur maith liom Tíreolaíocht agus Béarla is fearr liom Stair ná iad. Taitníonn an coláiste liom. Tá na múinteoirí deas agus cineálta. Tá cairde maithe agam ar scoil. Tá mé bródúil as mo scoil. Bím páirteach i ngach rud. Bainim sult as sin.

Ceisteanna

1   Cá bhfuil Micheál ar scoil?
2   Cén bhliain a bhfuil sé ann?
3   Cá huair a shroicheann sé an scoil gach maidin?
4   Cad é mar a thagann sé chun na scoile?
5   Cá huair a thosaíonn an lá scoile?
6   An mbíonn rang Gaeilge aige sula mbíonn rang Ceimice aige?
7   Cad é a itheann sé ag am lóin?
8   Cad é an lá den tseachtain is fearr leis?
9   Cad é an t-ábhar is fearr leis ar scoil?
10 An fearr leis Stair ná Béarla?

Freagraí (atá le cur san ord cheart)

a   Sroicheann sé an scoil ar deich go dtí a naoi.
b   Tá sé ag freastal ar Choláiste Phádraig i mBéal Feirste.
c   Tá sé i mbliain a deich.
d   Tosaíonn an scoil ar a naoi a chlog.
e   Tugann a athair síob sa charr dó.
f   Itheann sé ceapairí agus torthaí.
g   Bíonn.
h   Is fearr.
i   Is í an Mháirt an lá is fearr leis.
j   Is í an Ghaeilge an t-ábhar is fearr leis.

Seanfhocal an Lae
Tús maith leath na hoibre.

32 Anna Ní Anluain as Scoil Chaitríona

Tagaim abhaile ar mo rothar.

Tá mise ag freastal ar Scoil Chaitríona in Ard Mhacha. Tá mé i mbliain a cúig déag. Críochnaíonn an lá scoile ar leath i ndiaidh a trí. Tagaim abhaile ar mo rothar.

Bíonn neart obair bhaile le déanamh agam i gcónaí. Bíonn mo mháthair ag gabháil domh an t-am ar fad de bhrí go síleann sí nach ndéanaim go leor staidéir. 'Crom ar an obair, a iníon! Cad é mar is féidir leat bheith ag staidéar agus ag amharc ar an teilifís ag an aon am amháin?' Ní deirim rud ar bith léi – ní fiú.

Ní dhéanaim mórán staidéir roimh am tae. Cuirim scairteanna gutháin ar chairde ón scoil nó cuireann siadsan scairt ormsa. Suím síos sa tseomra suí ansin agus caithim tamall ag amharc ar an teilifís.

Nuair a bhíonn an dinnéar ite agam, téim isteach i mo sheomra leapa agus bím ag staidéar ar feadh chúpla uair an chloig. Má éirím tuirseach, stadaim tamall. Leanaim ar aghaidh de ghnáth agus críochnaím an obair bhaile. Ina dhiaidh sin ní mhothaím faoi bhrú. Caithim an chuid eile den oíche ag imirt cluichí ar an ríomhaire – sin, nó ag caint le mo dhearthair. Téim a luí luath.

Ceisteanna

1 Cad é an tslí bheatha atá ag Anna?
2 An duine aclaí í? Cad chuige?
3 An bhfaigheann Anna síob abhaile?
4 An dtugann a máthair amach di fán obair bhaile?
5 An mbaineann sí úsáid as an ghuthán roimh am tae?
6 An dtig le duine bheith ag staidéar agus ag amharc ar an teilifís san am chéanna?
7 Cá huair a dhéanann sí an obair bhaile?
8 An mbíonn faoiseamh uirthi nuair a chríochnaíonn sí an obair bhaile?
9 An bhfuil Anna eolach ar ríomhairí?
10 An mbíonn sí ina suí mall?

Freagraí (atá le cur san ord cheart)

a Is ea. Bíonn sí ar a rothar gach lá.
b Is dalta scoile í. = Dalta scoile áta inti.
c Baineann.
d Ní fhaigheann.
e Tugann. (*Or* Bheir. *Ulster.*)
f Déanann sí an obair bhaile i ndiaidh am dinnéir.
g Tá.
h Bíonn.
i Ní bhíonn.
j Ní thig. (a déarfadh tuismitheoir)
  Thig. (a déarfadh dalta scoile)

Seanfhocal an Lae

Is fearr an t-asal a iompraíos thú ná an beathach a chaitheas thú.

33 Pól Mag Uidhir ag déanamh a scíste

Baineann sé de a chóta agus cuireann sé síos an citeal.

Tagann Pól Mag Uidhir abhaile óna chuid oibre ar a sé. Baineann sé de a chóta agus cuireann sé síos an citeal. Glanann sé an teach giota beag. Ólann sé cupa tae ansin agus itheann sé cúpla briosca. Baineann sé sult as sin. Taitníonn an scíste bheag leis.

Déanann sé réidh a dhinnéar ar leath i ndiaidh a sé. Ní théann sé amach oíche Dé Máirt. Fanann sé istigh. Níonn sé na soithí, triomaíonn iad agus cuireann sé sa chófra iad. Tugann a chara cuairt air. Suíonn siad síos agus labhraíonn siad leo. Caitheann siad an oíche ag caint. Bíonn comhrá maith spreagúil acu le chéile. Tá siad an-tugtha don díospóireacht.

Pléann siad cuid mhór ábhar le chéile: cúrsaí reatha, an pholaitíocht, ceol, spórt agus scannáin. Imríonn siad cluiche *scrabble* anois agus arís ach cailleann Pól i gcónaí. Is cuma leis fá sin. 'Níl ann ach cluiche,' a deir sé – agus is fíor dó!

Faigheann siad fístéip ar cíos corruair ach ní tharlaíonn seo ach uair sa mhí. Scríobhann a chara gearrscéalta. Léann Pól iad agus insíonn sé di cad é a shíleann sé díobh. Molann sé go mór iad de ghnáth.

Ceisteanna

1 Cad é an t-am a dtagann Pól abhaile?
2 An gcoinníonn sé a chóta air sa teach?
3 An mbíonn bolgam tae aige ag teacht isteach dó?
4 An mbaineann Pól sult as an tae?
5 An bhfuil teilifís agus raidió sa teach?
6 An mbíonn an teach folamh oíche Dé Máirt?
7 An ndéanann siad comhrá fada suimiúil le chéile?
8 An mbaineann Pól an cluiche *scrabble*?
9 An miste leis má chailleann sé?
10 An bhfaigheann siad fístéip ar cíos gach seachtain?

Freagraí (atá le cur san ord cheart)

a Bíonn.
b Ní bhíonn.
c Baineann.
d Ní bhaineann.
e Tagann sé abhaile ar a sé (a chlog).
f Ní choinníonn.
g Ní fhaigheann.
h Níl mé cinnte, ní luann sé ceachtar acu.
i Déanann. Caitheann siad cúpla uair an chloig ag caint le chéile.
j Ní miste.

Seanfhocal an Lae

Doirt do dheoch agus beidh tart ort.

34 Caithimh aimsire Mháire Ní Bhaoill

Tá sí iontach tugtha don sport.

Is bean ghnóthach í Máire Ní Bhaoill. Bainisteoir bainc atá inti. Baineann sí sult as a cuid oibre ach taitníonn a caithimh aimsire léi lán comh maith.

Tá sí iontach tugtha don spórt: imríonn sí leadóg agus galf. Bíonn sí ag snámh uair amháin sa tseachtain agus téann sí ar siúlóid gach oíche fosta. Bíonn rang yóga aici Dé Luain. Tagann a cara Róise léi.

Tá suim aici sa cheol. Seinneann sí an giotár agus ceolann sí. Cumann sí amhráin. Éisteann Róise leo. Buaileann Róise ar an fhidil. Déanann an bheirt acu cleachtadh rialta le chéile i dteach Mháire. Tá siad an-mhór le chéile.

Caitheann Máire cuid mhór ama ag léamh. Léann sí an nuachtán gach lá agus úrscéal uair sa choicís. Tá spéis aici sa drámaíocht agus is aisteoir den scoith í! Tá siad ag déanamh réidh d'fhéile dhrámaíochta san am i láthair. Slogann sin go leor ama.

Bíonn go leor rudaí ar bun aici. Ní bhíonn bomaite le spáráil aici ar an ábhar go mbíonn sí comh gnóthach sin. Sin mar is fearr léi é. Caitheann sí saol lán. Bíonn sí ag dul léi an t-am ar fad. Ní stopann sí.

Ceisteanna

1 An bean fhalsa í Máire Ní Bhaoill?

2 An bainisteoir bainc atá inti?

3 An bhfuil dúil aici sa spórt?

4 Cad é a dhéanann sí oíche Dé Luain?

5 An dtéann sí chuig an rang yóga léi féin?

6 Cad é an gléas ceoil a sheinneann Róise?

7 An seinneann an bheirt acu ceol le chéile go minic?

8 An léann Máire iris gach lá?

9 An nglacann sí páirt sa drámaíocht?

10 An mbíonn barraíocht ar siúl aici?

Freagraí (atá le cur san ord cheart)

a Is ea.

b Ní hea.

c Téann sí amach go rang yóga.

d Seinneann sí an fhidil.

e Tá. Tá dúil bhocht aici ann.

f Bíonn. *Or* Ní bhíonn.

g Ní théann. (Tagann Róise ina cuideachta.)

h Glacann.

i Ní léann.

j Seinneann.

Seanfhocal an Lae

Bíonn cead cainte ag fear chaillte na himeartha.

35 Colm Mac Maoláin: oibrí agus iománaí

Bíonn cluiche agam gach tráthnóna Dé Domhnaigh.

Is mise Colm Mac Maoláin agus is as Contae Aontroma mé. Meicneoir atá ionam. Bím ag obair go crua i rith na seachtaine. Ag deireadh na seachtaine is maith liom mo scíste a dhéanamh.

Tá cúpla caitheamh aimsire agam. Imrím iománaíocht. Bím ag traenáil cúpla oíche sa tseachtain agus bíonn cluiche agam gach tráthnóna Dé Domhnaigh. Coinníonn an traenáil agus an imirt breá aclaí mé.

Téim ag iascaireacht gach maidin Dé Sathairn. Tugaim liom mo shlat agus suím ar an ché. Caithim, ar a laghad, cúpla uair an chloig ansin. Ní bheirim ar iasc ach corruair, ach ní miste liom fá sin ar an ábhar go dtaitníonn an suaimhneas liom.

Léim cuid mhór de ghnáth. Léim an nuachtán gach lá agus léim iris spóirt uair amháin sa tseachtain. Léim cúpla úrscéal sa mhí. Éistim leis an raidió i rith an lae agus mé ag obair sa gharáiste. Amharcaim ar an teilifís san oíche. Taitníonn cláracha spóirt, scannáin agus 'drámaí sópa' liom.

Tá an t-ádh orm nó bainim sult as mo chuid oibre agus as mo chaithimh aimsire.

Ceisteanna

1 An tiománaí leoraí atá i gColm?

2 An as Contae Aontroma é?

3 An mbíonn sé ag obair go dian ó Luan go hAoine?

4 An imríonn galf go minic?

5 An imríonn sé cluiche gach Domhnach?

6 An measann sé go ndéanann an traenáil agus an imirt maith dó?

7 An bhfeicfidh tú cois farraige Dé Sathairn é?

8 An mbíonn ciúnas sa gharáiste i rith an lae?

9 An gcaitheann sé cuid mhór ama ag léamh?

10 An bhfuil dúil i gcláracha spóirt aige?

Freagraí (atá le cur san ord cheart)

a Is ea.

b Ní hea, ach meicneoir.

c Imríonn.

d Ní imríonn.

e Bíonn.

f Ní bhíonn.

g Feicfidh. (Or Tchífidh. Ulster Irish.)

h Tá. Tá dúil bhocht aige iontu.

i Caitheann.

j Measann.

Seanfhocal an Lae

Is maith an t-iománaí an té atá ar an chlaí.

36 Cad é atá tú a dhéanamh?

Bíonn achan duine i dteach s'againne i gcónaí ag déanamh rud inteacht.

Bíonn achan duine i dteach s'againne i gcónaí ag déanamh rud éigin - fiú mura bhfuil ann ach ag déanamh scíste!

Caithim féin go leor ama ag staidéar – ag léamh, ag scríobh, ag glacadh nótaí agus ag foghlaim rudaí de ghlanmheabhair. Tá mo dhearthár an-tugtha don cheol. Bíonn sé ag seinm ceoil agus ag cleachtadh cúpla uair an chloig in aghaidh an lae. Bíonn sé ag éisteacht le ceol freisin.

Is breá le m'athair an spórt – mura mbíonn sé féin ag imirt cluichí bíonn sé ina shuí ag amharc ar chláracha spóirt. Bíonn sé ag imirt peile, ag rith agus ag snámh. Bíonn sé ag glanadh agus ag cóiriú rudaí briste taobh amuigh agus taobh istigh den teach.

Is fearr le mo mháthair bheith ag obair sa ghairdín. Bíonn sí ag cócaireacht agus ag siopadóireacht go han-mhinic. Bím féin agus mo dhearthár óg ag cuidiú léi. Is maith léi bheith ag cruthú rudaí úra. Bíonn sí ag péintéireacht is ag dealbhú corruair.

Tá madadh againn. Is maith leis bheith ag ithe, ag ól agus ag caitheamh a chuid ama ina luí cois tine – sin, nó amuigh ag troid!

Ceisteanna

1 An teaghlach gníomhach iad?

2 Cad é a dhéanann sí agus í ag staidéar?

3 Cé a bhíonn ag cleachtadh an cheoil?

4 An mbíonn an t-athair ag imirt gailf nó ag rámhaíocht?

5 An mbíonn an t-athair ag déanamh jabanna beaga lasmuigh agus laistigh?

6 Cé a bhíonn ag amharc i ndiaidh an ghairdín?

7 Cé a bhíonn ag siopadóireacht?

8 An ainmhí suaimhneach an peata atá acu?

9 Ainmnigh **dhá** rud a dhéanann tú féin sa bhaile.

10 Cuir i gcás go bhfuil cara agat darb ainm Síle. Ainmnigh trí rud a dhéanann sise.

Freagraí (atá le cur san ord cheart)

a Bíonn sí ag léamh, ag breacadh síos nótaí agus ag foghlaim rudaí de ghlanmheabhair.

b A deartháir. = An deartháir s'aici.

c A máthair. = An mháthair s'aici.

d Í féin, a deartháir agus a máthair.

e Is ea.

f Ní hea, ach ruagaire reatha.

g Bíonn.

h Ní bhíonn, go bhfios domh.

i Bím ag _____ agus ag _____.

j Bíonn Síle ag _____, ag _____agus ag_____ .

Seanfhocal an Lae

Bíonn a bhuaireamh féin ar gach duine.

37 Teach leathscartha i lár an bhaile

Tá mé i mo chónaí i dteach leathscartha.

Tá mise i mo chónaí i dteach leathscartha i lár Dhún Phádraig. Tógadh an teach caoga bliain ó shin. Thíos an staighre, tá cúpla seomra suí agus cistin. Thuas an staighre tá trí sheomra leapa agus seomra folctha ann. Tá laftán ann fosta – atá mar stóras.

Taobh amuigh, tá gairdín beag ar thoiseach an tí agus gairdín measartha mór ar chúl an tí. Níl garáiste ann. Is liomsa an teach ach bíonn billí le híoc gach mí: leictreachas, morgáiste, rátaí, árachas, teas agus araile. Ní bhíonn an t-airgead i bhfad ag imeacht!

Sa tseomra suí tá troscán ann: teilifís, tolg, cúpla cathaoir, tine, tábla agus lampa. Tá cócaireán, cuisneoir, meaisín níocháin, niteoir soithí, tábla agus caothaoireacha sa chistin. Tá tanca ola agus cró sa ghairdín. Tá teas lárnach agus aláram sa teach fosta.

Thuas an staighre baintear úsáid as ceann de na seomraí leapa mar sheomra staidéir. Tá deasc, cathaoir, ríomhaire, guthán agus leabhragán ann. Tá tarracáin, leaba, vardrús agus scáthán i mo sheomra leapa. Tá tubán folctha, cithfholcadán, leithreas, doirteal agus scáthán sa tseomra folctha.

Ceisteanna

1   Cén sórt tí atá ag an duine seo?

2   Cá huair a tógadh an teach?

3   Cá mhéad seomra atá ar an bhunurlár?

4   Cá mhéad seomra atá ar an chéad urlár?

5   Cá mhéad seomra atá ar an dara hurlár?

6   An léi an teach?

7   An bhfuil gás mar chóras teasa sa teach seo?

8   An nitear na soithí le lámh sa teach seo?

9   An úsáidtear seomra amháin thuas an staighre mar sheomra staidéir?

10 An dóigh leat go bhfuil sí ceangailte leis an idirlíon?

Freagraí (atá le cur san ord cheart)

a   Leithchéad bliain ó shin.

b   Úsáidtear.

c   Ní nitear.

d   Teach leathscartha. (*Or* Ceann leathscartha.)

e   Is dóigh liom go bhfuil (nó tá ríomhaire aici).

f   Níl, tá córas ola ann.

g   Is léi (ach tá sí ag íoc morgáiste ar a shon).

h   Ceann amháin.

i   Trí cinn. (*Or* Triúr.)

j   Ceithre cinn. (*Or* Ceathrar.)

Seanfhocal an Lae

Is teann gach madadh ar a thairseach féin.

38 Teach scartha ar imeall na cathrach

Seanteach mór atá ann.

Tá mé ag cur fúm i dteach scartha ar imeall na cathrach. Seanteach mór atá ann. Thíos an staighre, tá halla mór, trí sheomra suí, cistin, seomra níocháin agus grianán. Teach thrí stór atá ann. Ar an chéad urlár tá cúig sheomra leapa, seomra folctha agus leithreas. Tá dhá áiléar ar an dara hurlár –seomraí súgartha atá iontu.

Tá garáiste againn. In amanna bainim úsáid as an gharáiste ach páirceálaim an carr ar an chabhsa de ghnáth (taobh istigh den gheata). Tá gairdín ollmhór ann. Tá faiche, crainn, toim, bláthanna agus glasraí ag fás ann. Ní dhéanaim féin obair ar bith sa ghairdín. Tá garraíodóir againn. Tagann sé chugainn uair sa mhí. Coinníonn sé an gairdín breá néata.

B'éigean dúinn cuid mhór oibre a dhéanamh ar an teach. Bhí sé ag titim as a chéile nuair a cheannaigh muid é ach chóirigh muid de réir a chéile é. Tá deis agus dóigh anois air. Chosain an obair pingin mhaith airgid – ach b'fhiú é.

Tiocfaidh an lá agus imeoidh na páistí. Beidh an teach rómhór ag beirt. Níor mhaith liom é a dhíol ach ní bheidh neart air.

Ceisteanna

1 An teach sraithe atá ann?

2 Ar tógadh an teach seo le deireanas?

3 Cá mhéad seomra atá ar an bhunurlár?

4 Cá mhéad seomra atá ar an chéad urlár?

5 Cá mhéad seomra atá ar an dara hurlár?

6 An mbaintear úsáid as na háiléir mar sheomraí súgartha?

7 An mbaintear úsáid as an gharáiste gach oíche?

8 An dtagann an garraíodóir go dtí an teach uair amháin sa tseachtain?

9 An raibh dóigh mhaith ar an teach nuair a cheannaigh siad an chéaduair é?

10 An bhfanfaidh siad sa teach seo go deireadh a saoil?

Freagraí (atá le cur san ord cheart)

a Níor tógadh - is fada an lá ar an fhód é.

b Baintear.

c Ní bhaintear.

d Ní thagann.

e Ní raibh, bhí drochbhail air.

f Ní mó ná go bhfanfaidh.

g Ní hea (ach teach scartha).

h Dhá cheann. (*Or* Beirt.)

i Cúig cinn. (*Or* Cúigear.)

j Seacht gcinn. (*Or* seachtar).

Seanfhocal an Lae

Níl aon tinteán mar do thinteán féin.

39 Árasán i scríobán spéire

Tá muid thuas ar an deichiú hurlár.

Tá mé féin agus mo mháthair inár gcónaí i mbloc árasán i lár na cathrach. Tá muid thuas ar an deichiú hurlár. Tá radharc ar dóigh againn ón árasán seo ach is beag buntáiste eile atá againn taobh amuigh de sin. Le fírinne, b'fhearr linn teach a fháil.

Caithfear úsáid a bhaint as ardaitheoir le dhul amach is le theacht isteach. Corruair, bíonn an t-ardaitheoir briste. Más mar sin atá, bíonn streachailt againn ag dul suas an staighre - agus málaí ar iompar againn!

Tá dhá sheomra leapa, seomra suí, cistin, seomra folctha agus balcóin againn. Tá sé compordach go leor. Tá peata againn, madadh beag breac. Bíonn seisean ina chodladh amuigh ar an bhalcóin.

Tá na hárasáin seo ró-ard, róshalach agus róchallánach. Tá barraíocht daoine brúite isteach le chéile. Ní chuireann siad aithne ar a chéile mar is ceart. Mholfainn iad a leagan agus tabhairt faoi scéim thithíochta ina n-áit. Ba cheart go raibh caighdeán maith maireachtála ag daoine, ach ní fhaigheann daoine sin sna hárasáin seo. Dheánfainn ar shiúl leo ar béal maidne.

Ceisteanna

1 An ar imeall na cathrach atá siad ina gcónaí?

2 Cad é an buntáiste is mó atá ag baint leis an árasán?

3 Cé acu ab fhearr leo, fanacht san áit a bhfuil siad nó bogadh?

4 An mbíonn an t-ardaitheoir ag obair de ghnáth?

5 Cá mhéad seomra atá san árasán?

6 Cá mbíonn an madadh ina chodladh?

7 Cad iad na lochtanna is mó atá ar na hárasáin?

8 An mbuaileann na comharsanaigh le chéile go minic?

9 Ar mhaith leo na hárasáin a chaomhnú?

10 An sásta nó míshásta atá siad leo?

Freagraí (atá le cur san ord cheart)

a Tá radharc ar dóigh le feiceáil uaidh.

b Míshásta. Níl dúil ar bith acu iontu.

c Ní hea. (Is) istigh i lár na cathrach atá siad.

d Cúigear. (*Or* Cúig cinn.)

e B'fhearr leo bogadh.

f Níor mhaith.

g Ní bhuaileann. Is annamh é.

h Tá siad ró-ard, róchallánach agus róshalach.

i Bíonn ach bíonn sé as ord ó am go chéile.

j Amuigh ar an bhalcóin.

Seanfhocal an Lae

Ní thig aithne go haon tíos.

87

40 Tuaisceart Bhéal Feirste

Tá mé i mo chónaí i dTuaisceart Bhéal Feirste.

Tá mé i mo chónaí ar Bhóthar Aontroma i dTuaisceart Bhéal Feirste. Is ceantar deas atá ann. Níl sé i bhfad ó lár na cathrach. Tá seirbhís bhus ann - cé gur minic moill ar na busanna céanna! Caithfidh mé a rá go bhfuil áiseanna maithe sa cheantar seo.

Tá neart naíscoileanna, bunscoileanna agus meánscoileanna ann. Tá, fosta, cúpla ollscoil agus coláiste oiliúna i mBéal Feirste. Ní bréag a rá go bhfuil oideachas den scoth le fáil ag tuismitheoirí dá gcuid páistí sa chathair seo. Buntáiste mór é sin.

Tá páirceanna poiblí maithe agus áiseanna spóirt ann. Tá an ceantar ag bun Bheann Mhadagáin, cnoc mór, maorga, glas atá ina sheasamh os cionn Bhéal Feirste.

Tá tithe maithe sa cheantar seo, idir sheantithe agus thithe nua. Tá siopaí ann de gach cineál agus cúpla ionad mór siopadóireachta. Tá bóithre maithe, hallaí pobail, eaglaisí, leabharlanna, bialanna, óstáin agus go leor áiseanna eile ann.

Fanann go leor daoine a tógadh anseo agus tógann siad a gclann féin ann.

Ceisteanna

1 An i nDeisceart Bhéal Feirste atá sí ina cónaí?

2 An as Oirthear nó Iarthar Bhéal Feirste í?

3 An bhfuil an ceantar cóngarach go leor do lár na cathrach?

4 Cad é an gléas taistil a mbaineann sí úsáid as le dhul go lár na cathrach?

5 An féidir a bheith ag brath ar chlár ama na mbusanna?

6 An gcreideann sí go bhfuil ganntanas áiseanna oideachais sa chathair seo?

7 An ndéantar riar maith ar oideachas i mBéal Feirste ag an tríú leibhéal?

8 Cén cnoc atá os cionn na cathrach?

9 An féidir teach maith a fháil anseo?

10 An bhfanann go leor daoine i dtuaisceart Bhéal Feirste i rith a saoil?

Freagraí (atá le cur san ord cheart)

a Is féidir.

b Ní féidir, ar an drochuair!

c Tá.

d Ní hea, ach i dTuaisceart na cathrach.

e Ní hea. Glacaim leis gur as Tuaisceart na cathrach í.

f Baineann sí úsáid as an bhus – má thagann ceann in am!

g Beann Mhadagáin.

h Fanann.

i Déantar. (*Or* Ghníthear, *Ulster.*)

j Ní chreideann ar chor ar bith.

Seanfhocal an Lae

Imíonn na daoine ach fanann na cnoic.

41 Amuigh faoin tuath

Tá mé i mo chónaí in aice le sráidbhaile beag i gContae Thír Eoghain.

Tá mé i mo chónaí in aice le sráidbhaile beag i gContae Thír Eoghain. Tá mo theach suite cúpla míle taobh amuigh den tsráidbhaile. Tá tuairim is ocht gcéad duine ina gcónaí ann. Tá buntáistí agus míbhuntáistí ag baint leis an áit.

Tá áiseanna go leor ann: naíscoil agus bunscoil ach níl meánscoil ann. Tá ionad sláinte ach níl ospidéal ann. Tá club óige, halla pobail, leabharlann agus cumann spóirt ann ach níl sólann, linn snámha, pictiúrlann ná amharclann ann. Tá cúpla siopa, banc, oifig poist agus garáiste ann ach níl siopaí móra ná ollmhargadh ann.

Cé go bhfuil muid scoite ón bhaile mhór agus ón chathair, tá, mar sin féin, só, suaimhneas agus ciúnas againn. Tá gairdín mór thart ar gach teach agus ní bhíonn brú tráchta ann. Bíonn carr de dhíth go géar le cónaí a dhéanamh anseo.

Ar an drochuair, níl mórán fostaíochta ann. Imíonn cuid mhór daoine óga nuair a fhágann siad an scoil ar lorg oibre. Téann go leor daoine óga chuig an ollscoil ach is beag acu, faraor, a philleann abhaile arís. Caithfear an fhadhb sin a réiteach.

Ceisteanna

1 An bhfuil an duine seo ina chónaí taobh leis an tsráidbhaile?

2 Cén contae a bhfuil an sráidbhaile suite ann?

3 Cad é daonra an tsráidbhaile?

4 An bhfaighidh páistí oideachas anseo agus iad os cionn aon bhliain déag d'aois?

5 An bhfuil otharlann ar an tsráidbhaile?

6 An féidir le muintir an tsráidbhaile leabhair a fháil ar iasacht anseo?

7 An féidir snámh a fhoghlaim anseo?

8 An mbeadh carr riachtanach le bheith i do chónaí sa cheantar seo?

9 An áit challánach í?

10 Cad é mar is féidir daoine óga a mhealladh ar ais go dtí an ceantar seo?

Freagraí (atá le cur san ord cheart)

a Amach is isteach ar ocht gcéad duine.

b Ní hea.

c Tá.

d Níl.

e Bheadh.

f I gContae Thír Eoghain.

g Ní bhfaighidh.

h Caithfear tuilleadh post a chruthú dóibh.

i Is féidir.

j Ní féidir.

Seanfhocal an Lae

Is fearr bothán beag lán ná caisleán mór folamh.

42 Ag dul chun na Fraince

Bhí sé sa Fhrainc anuraidh.

Is maith le Pól an Fhrainc. Bhí sé sa Fhrainc anuraidh. Chuaigh sé chun na Fraince lena theaghlach. Tá Fraincis aige.

Is breá le Síle an Ghearmáin. Chaith sí seachtain sa Ghearmáin cúpla bliain ó shin. Rachaidh sí chun na Gearmáine arís. Níl Gearmáinis aici agus is trua léi sin.

Taitníonn an Spáinn le Críostóir. Bíonn sé sa Spáinn go mion is go minic. Chuala mé go ndeachaigh sé anonn chun na Spáinne ag an Nollaig. Tá Spáinnis ar a thoil aige.

Is aoibhinn le Nóra an Iodáil. Tá beagán Iodáilise aici. Chaith sí mí thall san Iodáil arú anuraidh. Deir sí go rachaidh sí anonn chun na hIodáile ar feadh seachtaine ag an Cháisc. Tiocfaidh sí anall in am don scoil.

Is deas le Tomás an Bhreatain Bheag. Bhí sé sa Bhreatain Bheag blianta ó shin. Bhí Breatnais ag a chara. Rachaidh sé chun na Breataine Bige leis an tír a fheiceáil arís.

Ní cuimhin le Ciara an tSeapáin. Bhí sí sa tSeapáin nuair a bhí sí ina leanbh. Ba mhaith léi dhul anonn chun na Seapáine lá éigin chun an tSeapáinis a fhoghlaim.

Ceisteanna

1 An bhfuil dúil ag Pól sa Fhrainc?

2 Cé a chuaigh chun na Fraince leis?

3 Cá ndeachaigh Síle ar a laethanta saoire cúpla bliain ó shin?

4 Cá fhad a chaith sí ansin?

5 Cén tír ar thug Críostóir cuairt uirthi?

6 Cár chaith Nóra a laethanta saoire?

7 Más seo Mí na Nollag, an rachaidh sí ar ais ansin roimh an tsamhradh?

8 Cén fáth a rachaidh Tomás chun na Breataine Bige?

9 An bhfuil Seapáinis ag Ciara?

10 Cá háit a rachaidh tusa ar do laethanta saoire i mbliana?

Freagraí (atá le cur san ord cheart)

a Rachaidh sé lena chara a fheiceáil
  (= Rachaidh sé chun a chara a fheiscint.)

b Tá. Tá an-aird aige ar an tír sin.

c Thug sé cuairt ar an Spáinn.

d Chuaigh sí anonn chun na Gearmáine.

e Rachaidh, nó tá rún aici dhul ann.

f Níl, ach ba mhaith léi í a fhoghlaim.

g A theaghlach.

h Rachaidh mé _____. (Ní rachaidh mé áit ar bith, fanfaidh mé sa bhaile go díreach.)

i Chaith sí seachtain (ar fad) ann.

j Chaith sí san Iodáil iad.

Seanfhocal an Lae

Is maith an scáthán súil charad.

43 Ag dul go Meiriceá

Chaith sí tamall thall i Meiriceá

Is é Meiriceá an tír is fearr le Gráinne.

Is maith le Hans Éire. Bhí sé in Éirinn san fhómhar. Tháinig sé go hÉirinn leis féin. Tá sé ag foghlaim Gaeilge. Tá Béarla aige.

Is breá le Maria Sasain. Chaith sí coicís i Sasain sa tsamhradh. Rachaidh sí anonn go Sasain san earrach. Tá Béarla aici, ach ní thuigeann na Sasanaigh a blas. Bíonn uirthi labhairt go fadálach thall i Sasain.

Is aoibhinn le Liam Albain. Bíonn sé thall in Albain comh minic agus is féidir leis. Téann sé ar cuairt go hAlbain uair amháin sa ráithe. Téann sé anonn ar an bhád.

Is é Meiriceá an tír is fearr le Gráinne. Chaith sí tamall thall i Meiriceá an geimhreadh seo. Tháinig sí anall as Meiriceá ar na mallaibh. Rachaidh sí anonn go Meiriceá arís ag tús na bliana.

Is deas le Pierre Ceanada. Rugadh agus tógadh thall i gCeanada é. Tá cónaí air sa Fhrainc ach téann sé anonn go Ceanada gach samhradh. Tógadh in Quebec é. Tá Fraincis agus Béarla aige, ach is í an Fhraincis an teanga is ansa leis.

Ceisteanna

1 Cá huair a tháinig Hans go hÉirinn?

2 Cá háit a ndeachaigh Maria ar saoire?

3 Cá fhad a chaith sí ann?

4 Cá háit ar chaith Liam a laethanta saoire?

5 Cé comh minic agus a théann sé go hAlbain?

6 Cad é mar a théann sé anonn?

7 Cá huair a chuaigh Gráinne go Meiriceá?

8 Ar tháinig sí anall as Meiriceá tamall gearr ó shin?

9 An mbeidh sí thall arís go gairid i ndiaidh na Nollag?

10 An dtugann Pierre cuairt ar Cheanada i rith an tsamhraidh?

Freagraí (atá le cur san ord cheart)

a Téann sé anonn ar an long.

b Uair sna trí mhí.

c Tháinig sé chun na tíre seo i rith an fhómhair.

d Tháinig. Tá sí go díreach i ndiaidh theacht ar ais.

e Chuaigh sí anonn i rith an gheimhridh.

f Tugann. (Or Bheir. Ulster.)

g Chaith sé thall in Albain iad.

h Chuaigh sí anonn go Sasain.

i Chaith sí cúpla seachtain ann.

j Beidh, nó tá rún aici a bheith.

Seanfhocal an Lae

Is glas na cnoic i bhfad uainn.

44 Thiar i gConamara agus i dTír Chonaill

Ghlac mé teach ar cíos ar feadh seachtaine i nGaoth Dobhair.

Ba mhaith liom a inse daoibh fá mo laethanta saoire anuraidh. Chaith mé deireadh seachtaine thiar i gConamara i Mí Mhárta. Stop mé i dteach lóistín. Fuair mé leaba agus bricfeasta ar feadh dhá oíche. Fuair mé traein ó Bhéal Feirste go Gaillimh agus bus ó Ghaillimh siar go Ros Muc. Thaitin an turas agus na daoine liom.

I Mí Mheán Fómhair ghlac mé teach ar cíos ar feadh seachtaine i nGaoth Dobhair. Bhí an aimsir go measartha. Chuir sé trí lá ach bhí sé tirim an chuid eile den am. Nuair a bhí an aimsir maith chuaigh mé cois trá agus rinne bolg le gréin. Chuaigh mé a shnámh san fharraige agus d'imigh mé ar siúlóid ar bharr na gcnoc go minic.

San oíche rinne mé réidh béile sa teach de ghnáth, ach chuaigh mé amach go bialann in óstán cúpla oíche. Bhí an teach glan agus compordach agus bhí sé in aice leis an fharraige. Is fearr liom teach a fháil ar cíos ná bheith ag stopadh in óstán.

Tá an dá áit seo sa Ghaeltacht. Bhí mé ábalta an Ghaeilge a chluinstean agus a labhairt an t-am ar fad. Bhí sin ar dóigh.

Ceisteanna

1 Cá háit a ndeachaigh sí i Mí Mhárta?

2 Cá fhad a chaith sí ann?

3 Cá háit ar stop sí an t-am sin?

4 Cad é mar a bhain sí an áit amach?

5 Cá háit ar stop sí i nGaoth Dobhair?

6 An ndeachaigh sí go Gaoth Dobhair i rith an fhómhair?

7 An raibh sé geal, grianmhar ar feadh na seachtaine sin?

8 Cé acu is fearr léi teach a fháil ar cíos nó stopadh in óstán?

9 An raibh sí sásta leis an teach?

10 Ar thaitin an Ghaeltacht léi?

Freagraí (atá le cur san ord cheart)

a Deireadh seachtaine go díreach.

b Fuair sí traein agus bus.

c Chuaigh sí siar go Gaillimh.

d Stop sí i dteach lóistín.

e Chuaigh.

f Teach a fháil ar cíos.

g Fuair sí teach ar cíos.

h Is cosúil go raibh.

i Tá an chuma air gur thaitin.

j Ní raibh, chuir sé cúpla lá fosta.

Seanfhocal an Lae

Is iomaí lúb agus cor sa tsaol.

45 Cúigí agus contaethe na hÉireann

Sin anois Éire, ó cheann go ceann!

Tá Cúige Uladh i dtuaisceart na hÉireann, tá naoi gcontae ann: Contae Fhear Manach, Contae Dhún na nGall, Contae Aontroma, Ard Mhacha, Contae an Dúin, Contae Mhuineacháin, Contae Dhoire, Contae Thír Eoghain agus Contae an Chabháin.

Tá Cúige Chonnacht in iarthar na tíre. Tá cúig chontae ann: Contae na Gaillimhe, Contae Mhaigh Eo, Contae Ros Comáin, Contae Liatroma agus Contae Shligigh.

Tá Cúige Laighean in oirthear na hÉireann. Tá dhá chontae dhéag ann. Contae Lú, Uíbh Fhailí, Contae Chill Mhantáin, Chill Chainnigh, Contae Cheatharlach. Contae Bhaile Átha Cliath, Contae na Mí, Contae na hIarmhí, Contae Longfoirt, Contae Chill Dara, Contae Loch Garman agus Contae Laoise.

Tá Cúige Mumhan i ndeisceart na tíre. Tá sé chontae ann. Contae Chiarraí, Contae Chorcaí, Contae Phort Láirge, Contae an Chláir, Contae Thiobrad Árann is Contae Luimní.

Sin anois Éire, ó cheann go ceann - thuaidh, theas, thoir agus thiar. Ceithre chúige agus dhá chontae is tríocha.

Ceisteanna

1 An Ultach duine as Contae Fhear Manach?
2 An Connachtach duine as Contae Chill Dara?
3 Cad é a thabharfá ar dhuine as Contae Chorcaí?
4 Cad é a thabharfá ar dhuine as Contae Chill Chainnigh?
5 Cá mhéad contae atá i gCúige Uladh?
6 Cá mhéad contae atá i gCúige Chonnacht?
7 Cá mhéad contae atá i gCúige Laighean?
8 Cá mhéad contae atá i gCúige Mumhan?
9 Cá mhéad cúige atá in Éirinn?
10 Cá mhéad contae atá inti?

Freagraí (atá le cur san ord cheart)

a Thabharfá Muimhneach air.
b Thabharfá Laighneach air.
c Is ea.
d Ní hea (ach Laighneach).
e Ceithre cinn. (Or Ceathrar.)
f Dhá cheann is tríocha.
g Dhá cheann déag.
h Naoi gcinn. (Or Naonúr.)
i Cúig cinn. (Or Cúigear.)
j Sé cinn (Or Seisear.)

Seanfhocal an Lae
Tír gan teanga, tír gan anam.

46 Cúlra ginearálta na Gaeilge

Bhíodh amhráin, scéalta, filíocht agus seanchas i mbéal na ndaoine.

Is teanga Cheilteach í an Ghaeilge. Tá an Ghaeilge á labhairt in Éirinn le dhá mhíle bliain anuas. Tháinig meath mór ar an Ghaeilge idir an 17ú agus 19ú haois. Roimhe sin bhí teanga na nGael á labhairt fud fad na hÉireann, féadtar a rá.

Maireann an Ghaeilge mar theanga laethúil sa Ghaeltacht. Tá ceantair Ghaeltachta le fáil sna contaetha seo a leanas: Dún na nGall, An Mhí, Maigh Eo, Gaillimh, Ciarraí, Corcaigh agus Port Láirge. Tá, anois, scoileanna lán-Ghaeilge i gcathracha agus i mbailte móra na hÉireann.

Bhíodh traidisiún láidir béaloideasa sa Ghaeltacht. Bhíodh amhráin, scéalta, filíocht agus seanchas i mbéal na ndaoine.

Bunaíodh Conradh na Gaeilge sa bhliain 1893. Bhí an Ghaeilge in ísle brí san am úd. Thug an Conradh an teanga chun cinn sa Ghaeltacht agus sa Ghalltacht. Níor leigheas Conradh na Gaeilge iomlán na bhfadhbanna ach is mar gheall ar an Chonradh atá traidisiún litríochta againn sa Nua-Ghaeilge. Tá teangacha Gaelacha fosta in Albain agus ar Oileán Mhanainn.

Ceisteanna

1 An teanga Ghearmánach í an Ghaeilge?

2 Cá fhad atá an Ghaeilge á labhairt in Éirinn

3 Cá huair a tháinig laghdú ar an Ghaeilge?

4 Cá háit a maireann an Ghaeilge mar ghnáth-theanga phobail?

5 Cad é mar atá a fhios againn go bhfuil athbheochan ar siúl sna bailte móra?

6 Ar mhair traidisiún an tseanchais sa Ghaeltacht?

7 Cá huair a tháinig Conradh na Gaeilge ar an fhód?

8 Ar chuidigh an Conradh leis an teanga?

9 An bhfuil deacrachtaí le sárú go fóill?

10 An bhfuil an Ghaeilge á labhairt i dtír ar bith eile?

Freagraí (atá le cur san ord cheart)

a Le cúpla míle bliain ar a laghad.

b Tá. Tá Gàidhlig in Albain agus Manainnis (nó 'Gaelg') in Oileán Mhanainn.

c Ní hea.

d Tá, ach tá súil againn go sárófar iad.

e Tá scoileanna lán-Ghaeilge le fáil iontu.

f I míle ocht gcéad nócha a trí.

g Chuidigh, go mór.

h Idir an 17^{ú} agus an 19^{ú} céad.

i Maireann sí sa Ghaeltacht.

j Mhair, cé go bhfuil an ré sin chóir a bheith thart.

Seanfhocal an Lae

Cuairt ghearr is á déanamh go hannamh.

47 Bia Bruscair agus 'Préataí Toilg'

Itheann siad barraíocht 'bia bruscair'.

Sa lá atá inniu ann tá an tomhaltachas gan srian ag cur isteach ar shláinte na sochaí. Ní dhéanann daoine óga go leor aclaíochta agus itheann siad barraíocht 'bia bruscair.'

Ní shiúlann daoine óga a oiread agus ba ghnách. Suíonn barraíocht acu os comhair scáileáin - ag imirt ar ríomhairí, ag amharc ar an teilifís, ar DVDs nó ar fhístéipeanna. Baistear 'Préataí Toilg' orthu de bhrí go n-éiríonn siad i bhfad róramhar, róghasta. Cuirtear deireadh leis seo! Stoptar anois é!

'Bíonn blas ar an bheagán' - seanfhocal agus fíorfhocal. B'fhearr éisteacht leis an chomhairle sin. Cuirtear clár oideachais i bhfeidhm ar cad is bia folláin agus stíl bheatha shláintiúil ann (d'idir pháistí agus thuismitheoirí). Déantar seo láithreach!

Itear tuilleadh glasraí, torthaí agus gearrtar amach barraíocht siúcra agus salainn inár gcuid bídh. Tugtar faoin spórt nó faoin aclaíocht bhunúsach mar an tsiúlóid agus an rith ar bhonn laethúil inár saol. Tá sláinte na ndaoine óga (agus sláinte na todhchaí) ag brath ar athruithe mar seo chun ár saol a fheabhsú agus a fhadú. Tá ról le himirt againn uilig sa scéal seo.

Ceisteanna

1 An bhfanfaidh sí ina suí mall anocht?
2 An éireoidh sí luath maidin amárach?
3 An gcloisfidh sí an clog ag bualadh?
4 An íosfaidh sí friochtán ag am bricfeasta?
5 An bhfágfaidh sí an teach timpeall a hocht?
6 An gceannóidh sí a lón i mbialann?
7 An bhfaighidh sí tacsaí isteach go lár na cathrach?
8 An mbainfidh an turas uair an chloig aisti?
9 An rachaidh sí amach ar siúlóid lena cara?
10 An mbreathnóidh sí ar an teilifís ar feadh scathaimh?

Freagraí (atá le cur san ord cheart)

a Éireoidh.
b Cloisfidh. (= Cluinfidh. *Ulster*)
c Fágfaidh.
d Ní cheannóidh.
e Ní fhanfaidh.
f Ní íosfaidh.
g Ní bhainfidh.
h Breathnóidh.
i Rachaidh.
j Ní bhfaighidh.

Seanfhocal an Lae
Faigheann foighid fortacht.

50 Cruinniú, coinne agus cuireadh

An Luan
Cruinniú Boird
3:00 in

An Mháirt
Rud ar bith beartaithe

An Chéadaoin
Fiaclóir 12:45 - ná caill an choinne seo!
Ullmhaigh, i ndiaidh am lóin,
don Lá Traenála Déardaoin

An Déardaoin
Lá Traenála do gach duine an lá ar fad
- lón le hordú don oifig an chéad
rud ar maidin:
tae / caife, ceapairí agus brioscaí

An Aoine
Tuairisc le scríobh ar an lá
traenála
- Tá tábhacht mhór ag baint leis seo
- Le críochnú roimh am báile!

An Satharn
Cluiche peile ag Peadar ar 11:00
Cleachtadh drámaíochta
ag Síle 2:30 - siúlann de dhíth!
Cuireadh chuig dinnéar
i dteach Mhic Mhaoláin 8:30
Ceannaigh seacláidí agus bláthanna

An Domhnach
Lá saor
Aifreann ar 12:00
Scíste iomlán de dhíobháil tráthnóna!
Múch an guthán póca!

Tabharfaidh mé spléachadh ar mo dhialann.

Tiocfaidh maidin Dé Luain an-ghasta orm. Cuirfidh mé cúpla bomaite ar leataobh, oíche Dé Domhnaigh. Tabharfaidh mé spléachadh ar mo dhialann go bhfeice mé cad é atá romham ar an tseachtain seo chugainn. Beidh go leor idir lámha agam, déarfainn. Bíonn i dtólamh. Anois …

Beidh cruinniú boird ann ar a trí Dé Luain. Ní bheidh a dhath ar bith ar siúl Dé Máirt. Beidh gnáthlá oibre agam go díreach. Tá coinne agam leis an fhiaclóir ar ceathrú go dtí a haon déag Dé Céadaoin. Caithfidh mé gan an choinne seo a chailleadh.

Beidh lá traenála san oifig an lá ar fad Déardaoin. Beidh orm freastal air sin. Níl aon dul as! Déanfaidh mé ullmhúchán dó tráthnóna Dé Céadaoin. Beidh agam le suí síos ansin maidin Dé hAoine agus tuairisc a scríobh ar an lá traenála. Sin sin.

Beidh cluiche peile ag mo mhac maidin Dé Sathairn agus beidh cleachtadh drámaíochta ag m'iníon tráthnóna. Beidh orm síob a thabhairt dóibh. Tá cuireadh agam féin agus ag mo bhean chuig dinnéar oíche Dé Sathairn. Ní bheidh rud ar bith ar siúl Dé Domhnaigh. Beidh scíste agam.

Ceisteanna

1 An gcreideann sé go dtagann maidin Dé Luain aniar aduaidh air in amanna?

2 Cá háit a gcoinníonn sé nóta de na rudaí atá le déanamh aige?

3 Cá huair a amharcfaidh sé ar a dhialann?

4 An mbeidh an cruinniú boird ann tráthnóna?

5 An mbeidh rud ar bith speisialta ar bun aige Dé Máirt?

6 An bhfuil coinne dochtúra aige Dé Céadaoin?

7 An bhfuil oiliúint beartaithe don Déardaoin?

8 Cad é a chaithfeas sé a dhéanamh Dé hAoine?
(= Cad é a chaithfidh sé a dhéanamh Dé hAoine?)

9 An íosfaidh sé an dinnéar sa bhaile oíche Dé Sathairn, i do bharúil?

10 Cá huair a ligfidh sé a mhaidí le sruth?

Freagraí (atá le cur san ord cheart)

a Tá.

b Níl.

c Beidh.

d Ní bheidh.

e Creideann.

f Caithfidh sé tuairisc a scríobh.

g Oíche Dé Domhnaigh.

h Dé Domhnaigh.

i Scríobhann sé isteach ina dhialann iad.

j Ní íosfaidh.

Seanfhocal an Lae

An fear a rinne an t-am, rinne sé neart dó.

51 Ticéad singilte nó ticéad fillte?

D'iarr fear óg ticéad fillte ó Bhéal Feirste go Corcaigh.

Bhain mé stáisiún na traenach amach ach bhí scuaine ann. Bhí cúpla duine romham. D'iarr seanbhean ticéad singilte ó Bhéal Feirste go Doire. 'Cúig phunt, caoga, le do thoil. Beidh an traein ag imeacht ar leath i ndiaidh a deich. Sroichfidh sí Doire ar cúig go dtí a haon. Ardán a dó.'

D'iarr fear óg ticéad fillte ó Bhéal Feirste go Corcaigh. 'Sin sé phunt is caoga. Fágfaidh an traein ó ardán a haon ar ceathrú tar éis a deich. Sroichfidh tú Baile Átha Cliath ar leathuair tar éis a dó dhéag. Athróidh tú stáisiún i mBaile Átha Cliath. Imeoidh an traein go Corcaigh ar cúig chun a dó. Mairfidh an turas dhá uair go leith. Beidh carráiste bídh ar an traein.'

'Tabhair domh ticéad singilte go Dún Dealgan, le do thoil. Níl agam ach euroanna.' 'Is cuma, glacfaidh mé leo. Sin sé euro déag.' Nuair a bhain mé Dún Dealgan amach fuair mé bus go dtí Na Creagacha Dubha, baile beag cúig mhíle uaidh. Bhí síob beartaithe agam ón áit sin go teach mo charad ach ní thiocfadh leis theacht. Fuair mé tacsaí. D'íoc mé an táille. Bhí an turas costasach go leor. Ní raibh pingin rua fágtha agam ag deireadh an turais. Tá an t-iompar poiblí an-daor!

Ceisteanna

1 An raibh daoine ag fanacht le ticéid a cheannacht sa stáisiún?

2 Cén t-am a raibh an traein ag imeacht ó Bhéal Feirste go Doire?

3 Cad é an briseadh a fuair an tseanbhean as deich bpunt?

4 An raibh an paisinéir a bhí ag taisteal go Corcaigh níos sine ná an tseanbhean?

5 Cad é an briseadh a tugadh dó as seasca punt?

6 An mbainfidh sé Baile Átha Cliath amach roimh mheán lae?

7 An sroichfidh sé Corcaigh roimh a sé?

8 An dtiocfadh leis rud éigin a cheannacht le hithe ar an traein, dá mba mhaith leis?

9 An dtiocfadh lena chara síob a thabhairt don tríú paisinéir?

10 Cad chuige a raibh an turas an-daor?

Freagraí (atá le cur san ord cheart)

a Ar leath i ndiaidh a deich.

b Bhí.

c Ní raibh.

d Sroichfidh.

e Ní bhainfidh.

f Thiocfadh.

g Ní thiocfadh, de bhrí gur bhris a charr anuas.

h B'éigean dó íoc as ticéad traenach, ticéad bus agus tacsaí.

i Ceithre phunt.

j Ceithre phunt caoga – *Or*: ceithre phunt go leith.

Seanfhocal an Lae

Bíonn siúlach scéalach.

52 Beidh mé ag dul thar lear i mbliana

Pacálfaidh muid an carr agus imeoidh muid linn.

Beidh laethanta saoire agam i mbliana. Rachaidh mé anonn chun na Fraince ar feadh coicíse. Tiocfaidh mo bhean chéile agus na páistí. Imeoidh muid i lár Mhí Iúil agus pillfidh muid abhaile ag tús Mhí Lúnasa.

Tiomáinfidh muid go Corcaigh agus gheobhaidh muid bád chun na Fraince. Ní raibh mé riamh sa Fhrainc ach deir cuid mhór daoine liom gur tír álainn atá inti.

Bíonn an aimsir go breá, bíonn na Francaigh cairdiúil agus an bia iontach blasta - agus saor. Tá tránna deasa ann agus bíonn a lán le feiceáil ag óg agus ag aosta. Ní thig linn fanacht go Mí Iúil!

Glacfaidh muid teach ar cíos ar feadh seachtaine in Bordeaux. Stopfaidh muid ar shuíomh campála sa Bhriotáin don dara seachtain. Imeoidh na páistí ar maidin agus caithfidh siad an lá ag snámh agus ag imirt cluichí. Bainfidh siad sult as sin.

Tabharfaidh muid cuairt ar iarsmalanna, dhánlanna agus ar chaisleáin. Tchífidh muid agus déanfaidh muid a lán. Glacfaidh muid cuid mhór grianghraf ar an turas. Caithfidh muid cuid mhór airgid, ach is cuma.

Ceisteanna

1 An mbeidh siad ar Mhór-roinn na hEorpa i mbliana?

2 Cá fhad a chaithfeas siad sa Fhrainc?
(= Cá fhad a chaithfidh siad sa Fhrainc?)

3 An imeoidh siad i lár an tsamhraidh?

4 An rachaidh siad go Corcaigh ar an traein?

5 An é seo an chéad uair dó sa Fhrainc?

6 Ar chuala sé iomrá maith ar an Fhrainc?

7 An stopfaidh siad in óstán sa Fhrainc?

8 An stopfaidh siad an leathchuid den am in Bordeaux?

9 Cad é a dhéanfaidh na páistí i rith an lae agus iad ar an tsuíomh campála?

10 An bhfeicfidh siad cuid mhór ar na laethanta saoire?

Freagraí (atá le cur san ord cheart)

a Caithfidh siad coicís ann.

b Ní rachaidh.

c Beidh.

d Imeoidh.

e Is cosúil go gcaithfidh siad an lá ag snámh agus ag imirt cluichí.

f Is é.

g Stopfaidh.

h Ní stopfaidh.

i Chuala. Chuala sé dea-scéalta fán tír sin.

j Tchífidh. *Ulster* = Feicfidh. *Standard.*

Seanfhocal an Lae

Bíonn adharca fada ar na ba thar lear.

113

53 Rachaidh mé go Meiriceá i mbliana

Gheobhaidh mé eitleán ó Bhaile Átha Cliath go Nua-Eabhrac.

Beidh mé ag dul thar sáile i mbliana ar mo laethanta saoire. Beidh deich lá saor agam. Rachaidh mé go Meiriceá. Caithfidh mé deireadh seachtaine ag stopadh le cairde in Boston. Ina dhiaidh sin, stopfaidh mé in óstán i Nua-Eabhrac ar feadh seachtaine.

Gheobhaidh mé eitleán ó Bhaile Átha Cliath go Nua-Eabhrac. Imeoidh mé anonn ag deireadh Mhí na Bealtaine agus tiocfaidh mé anall ag tús Mhí Mheithimh.

Pacálfaidh mé mo mhálaí agus tabharfaidh mé liom mo phas, mo chuid airgid agus mo chárta creidmheasa. I Nua-Eabhrac amharcfaidh mé ar scannán nó ar dhráma chóir a bheith gach oíche. Rachaidh mé chuig coirmeacha ceoil corroíche fosta.

I rith an lae, siúlfaidh mé fríd an chathair agus amharcfaidh mé ar na suíomhacha agus ar na hiontais. Ceannóidh mé ticéid do na hiarsmalanna agus do na dánlanna.

Tchífidh mé (= Feicfidh mé) a oiread agus is féidir liom. Tá súil agam go dtaitneoidh an bia, an aimsir, na daoine agus na himeachtaí sóisialta liom. Cuirfidh mé cúpla cárta poist abhaile chuig mo chairde.

Ceisteanna

1 An mbeidh an duine seo ag dul thar lear?

2 Cá fhad a bheas aici mar laethanta saoire?
(= Cá fhad a bheidh aici mar laethanta saoire?)

3 An gcaithfidh sí an t-am ar fad i Nua-Eabhrac?

4 Cad é mar a rachas sí (= rachaidh sí) ó Bhaile Átha Cliath go Nua-Eabhrac?

5 Cá huair a imeos sí (= Cathain a imeoidh sí?)

6 Cá huair a thiocfas sí ar ais?
(= Cathain a thiocfaidh sí ar ais?)

7 Taobh amuigh dá cuid bagáiste, cad é eile a thabharfaidh sí léi?

8 An gcaithfidh sí am i bpictiúrlann nó in amharclann agus í thall i Meiriceá?

9 An siúlfaidh sí léi i rith an lae?

10 An bhfeicfidh sí ealaín agus í ar saoire?

Freagraí (atá le cur san ord cheart)

a Caithfidh.

b Ní chaithfidh.

c Siúlfaidh.

d Ní bheidh.

e Rachaidh sí anonn in eitleán.

f Tchífidh. *U* or Feicfidh. *Std Ir.*

g Deich lá a bheas (= a bheidh) aici san iomlán.

h Tiocfaidh sí ar ais ag tús Mhí Mheithimh.

i Imeoidh sí ag deireadh Mhí na Bealtaine.

j Tabharfaidh sí léi a pas, a cuid airgid agus a cárta creidmheasa.

Seanfhocal an Lae

Amharc romhat sula dtuga tú léim.

115

54 Cuirfear dóigh ar theach s'againne

Tarraingeofar na pleananna agus amharcfar orthu.

Déanfar obair mhór ar theach s'againne i mbliana. Iarrfar ar ailtire pleananna a tharraingt. Tarraingeofar na pleananna agus amharcfar orthu. Rachfar a fhad le tógálaí ansin agus socrófar praghas leis.

Ní chuirfear tús leis an obair san aimsir fhliuch. Fanfar leis an aimsir mhaith. Leagfar an tseanchistin agus tógfar ceann úr. Athrófar an córas teasa fosta. Seans go dtógfar grianán ar chúl an tí, ach brathann sin ar an chostas. Beidh le feiceáil.

Ceannófar troscán nua don chuid eile den teach. Bogfar an seantroscán amach go dtí an garáiste. Cuirfear fógra ar an pháipéar. Díolfar é agus saothrófar cúpla punt air.

Bainfear an seanpháipéar balla anuas i ngach seomra sa chuid eile den teach agus piocfar stuif nua. Péinteálfar an teach ó bhun go barr fosta. Gheofar gach rud roimh ré agus tosófar ar an mhaisiúchán nuair a chríochnófar an obair thógála. Caithfear pingin mhaith airgid ar an teach.

Beifear ag súil le deireadh na hoibre. Reáchtálfar cóisir mhór sa teach agus déanfar ceiliúradh. Cuirfear cuireadh ort.

Ceisteanna

1 An ndéanfar obair mhór ar theach s'acusan i mbliana?

2 An dtarraingeofar pleananna don teach?

3 An iarrfar ar innealtóir na pleananna a tharraingt?

4 An gcuirfear tús leis an obair i rith an gheimhridh,
 i do bharúil?

5 An gcoinneofar an tseanchistin?

6 Nach n-athrófar an córas teasa?

7 Cá háit a stórálfar an seantroscán?

8 An gcuirfear dath ar an teach?

9 An gceannófar gach rud don mhaisiúchán roimh ré?

10 An mbeifear ag ceiliúradh nuair a bheas
 (= a bheidh) an teach réidh?

Freagraí (atá le cur san ord cheart)

a Cuirfear.

b Ní chuirfear.

c Tarraingeofar.

d Déanfar.

e Athrófar.

f Ní choinneofar.

g Ní iarrfar.

h Ceannófar.

i Beifear.

j Stórálfar amuigh sa gharáiste é.

Seanfhocal an Lae

Is de réir a chéile a thógtar na caisleáin.

55 B'éigean do Phól tiomáint go Doire

Bhí ar Phól tiomáint go Doire arú inné.

B'éigean do Phól tiomáint go Doire arú inné. D'iarr Máire air fanacht ansin. Bhí air labhairt le cúpla duine i lár na maidine. B'éigean dó bualadh le dream eile ar a sé.

Ba mhaith le Róisín dhul go Londain. Ba mhaith léi siúl thart agus breathnú ar na hiontais. B'fhearr léi gan stopadh in óstán in aice leis an aerfort. B'fhearr léi fanacht i lár na cathrach. D'iarr sí ar a cara theacht léi. Caithfidh a cara labhairt lena stiúrthóir ar dtús. Is cinnte go mbeidh cead aici imeacht, nó tá cúpla lá le tógáil aici.

Tá ag Brian le bheith i mBaile Átha Cliath maidin Dé Máirt. Mhol Liam dó tiomáint suas, ach dúirt Síle leis dhul ar an traein. Má théann sé sa charr is féidir leis imeacht agus theacht ar ais am ar bith. B'fhearr leis pilleadh ná stopadh thar oíche, ach is fearr leis gan tiomáint ar ais sa dorchadas.

Caithfidh mé a inse do Threasa go mbeidh uirthi éirí ar a sé maidin amárach. Beidh uirthi fanacht le bus a seacht agus ansin imeacht go Gaillimh. Thig léi stopadh ansin nó thig léi theacht ar ais ar an bhus mhall. Tá rogha le déanamh aici.

Ceisteanna

1 An raibh ar Phól tiomáint go Gaillimh?

2 Más inniu an Chéadaoin, cén lá arbh éigean dó tiomáint go Doire?

3 Cé a d'iarr air fanacht ansin?

4 An bhfuil fonn ar Róisín dhul go Sasain?

5 Cé acu ab fhearr léi fanacht ag an aerfort nó stopadh in óstán i lár na cathrach?

6 An mbeidh ar a cara labhairt lena stiúrthóir?

7 Cá háit a gcaithfidh Brian a bheith maidin Dé Máirt?

8 An fearr le Brian a bheith ag tiomáint le solas an lae?

9 An gcaithfidh Treasa éirí luath amárach?

10 An féidir léi stopadh thar oíche más maith léi?

Freagraí (atá le cur san ord cheart)

a Dé Luain.

b Máire.

c Tá.

d Ní raibh.

e Beidh.

f Caithfidh, cinnte.

g Is féidir.

h Is fearr.

i B'fhearr léi stopadh i lár na cathrach.

j Caithfidh sé a bheith i mBaile Átha Cliath.

Seanfhocal an Lae

Cam, díreach an ród is é an bealach mór an aichearra.

56 B'éigean do Phól a sheomra a ghlanadh

D'iarr sí air na héadaí a thógáil den urlár agus an bocsa bruscair a fholmhú.

B'éigean do Phól a sheomra a ghlanadh maidin Dé Sathairn. Bhí sé ag iarraidh airgead a fháil óna mháthair le dhul síos go lár na cathrach. Ba mhian leis cúpla rud a cheannacht sna siopaí. 'Ní bhfaighidh tú pingin rua uaimse go gcóirí tú agus go nglana tú do sheomra,' arsa a mháthair.

D'iarr sí air na héadaí a thógáil den urlár, na leabhair a chur ar na seilfeanna, an leaba a chóiriú agus an bocsa bruscair a fholmhú. Mhol sí dó na dlúthdhioscaí a chur ina gcásanna. 'Ní liomsa iad, a mháthair', arsa Pól. 'Cé leis iad?' 'Is le Máire iad.' 'Bhuel, abair léi theacht anseo anois agus ord agus eagar a chur orthu.'

Nuair a bhí an obair déanta aige b'éigean do mháthair Phóil airgead a thabhairt dó. Chuaigh sé go coirneál na sráide le bus a fháil. Chuaigh sé isteach go siopa amháin chun peann a cheannacht. Bhí cóipleabhar úr le ceannacht aige don rang Ceimice. Chuaigh sé lena chara Séamas a fheiceáil ag am lóin. Bhí air imeacht abhaile ansin.

Ag teacht isteach dó dúirt a mháthair leis gan a chóta a fhágáil ina luí ar an tolg! B'éigean dó an cóta a chrochadh amuigh sa halla.

Ceisteanna

1 An raibh ar Phól a sheomra a réiteach?

2 An raibh fonn ar a mháthair airgead a thabhairt dó agus an seomra salach?

3 Cad é a bhí le ceannacht ag Pól sna siopaí i lár na cathrach?

4 Ar éirigh leis a chara Séamas a fheiceáil?

5 Cé leis an seomra leapa?

6 An le Pól na dlúthdhioscaí?

7 Cé leis iad?

8 Ar le Máire an cóta a bhí ina luí ar an tolg?

9 Cér leis é?

10 Arbh éigean dó a chóta a bhogadh?

Freagraí (atá le cur san ord cheart)

a D'éirigh.

b B'éigean.

c Bhí.

d Ní raibh.

e Bhí peann agus cóipleabhar le ceannacht aige.

f Is le Pól é.

g Ba le Pól é.

h Is le Máire iad.

i Níor léi.

j Ní leis.

Seanfhocal an Lae

Is fearr an troid ná an t-uaigneas.

57 Cén dath a théann leis na bróga seo?

Phacáil sí geansaí dúghorm agus ansin neart t-léinte.

Bhí Lisa ag dul ar saoire leis an chlub óige ar feadh seachtaine. B'éigean di a cás a phacáil. Fuair sí tralaí mór gorm agus cás dearg ar iasacht óna máthair.

Thug sí léi bróga dubha, buataisí donna agus cúpla péire de bhróga spóirt - péire liath agus péire bán. Chuir sí gúna gorm, glas agus corcra sa tralaí. Bhí dhá sciorta léi, ceann buí agus ceann bándearg. Phacáil sí geansaí dúghorm agus ansin neart t-léinte: rudaí bána, glasa, dearga, corcra, oráiste agus buí. Phacáil sí bríste gorm comh maith – ar eagla na heagla.

Bhí trí chóta léi: anarac glas, casóg ghorm agus lomairt ghlas. Chaith sí isteach scairf dhearg, hata dubh agus miotóga gorma.

Chuir sí gach rud eile a bhí de dhíth uirthi sa chás - agus chuir sí cúpla rud eile sa tralaí: tuáille bándearg agus ceann buí. Istigh leis sin, bhí mála dúbh leithris.

'Sin deireadh' leis an phacáil' arsa sise. Tá gach rud agam anois le mé a choinneáil glan, néata, tirim agus compordach ar feadh na seachtaine.

Fuair sí tacsaí dubh síos go lár na cathrach. Bhí an t-ádh dearg uirthi gur bhuail sí lena cara. Tugadh síob go stáisiún na mbusanna di.

Ceisteanna

1 Cé leis a raibh Lisa ag dul ar saoire?
2 An raibh uirthi a cás a phacáil?
3 Cad é an dath a bhí ar an tralaí?
4 Cad é an coisbheart a thug sí léi?
5 Cá mhéad gúna a thug sí léi?
6 Cén ball dá cuid éadaigh a raibh dath bándearg air?
7 Cá mhéad tuáille a thug sí léi?
8 Cad é a thug sí léi leis na lámha a choinneáil te?
9 Cad é mar a bhain sí lár na cathrach amach?
10 Ar tugadh síob go stáisiún na mbusanna di?

Freagraí (atá le cur san ord cheart)

a Bhí.
b Bróga dubha, buataisí donna agus cúpla péire
de bhróga spóirt.
c Leis an chlub óige.
d Gorm.
e Ceann de na sciortaí.
f Fuair sí tacsaí dubh.
g Tugadh.
h Triúr. (Or Trí cinn.)
i Beirt. (Or Dhá cheann.)
j Péire de lámhainní gorma.

Seanfhocal an Lae

Is trom cearc i bhfad.

58 An é an rud is saoire an rud is fearr?

Déanaim iarracht ansin an cóta is fearr a phiocadh.

Nuair a bhíonn cóta úr de dhíth orm, amharcaim ar roinnt acu. Amharcaim ar an chóta is saoire agus ar an chóta is daoire. Déanaim iarracht ansin an cóta is fearr a phiocadh - agus an cóta is deise.

Má bhíonn an cóta saor, comh deas agus comh maith leis an chóta dhaor, glacaim sin. Ach má bhíonn an cóta daor níos deise agus níos fearr ná an cóta saor, ceannaím an cóta daor. Sílim gurb é sin an dóigh is fearr le cóta úr a thoghadh.

Ní hé an rud is mó an rud is fearr i gcónaí, corruair is é an rud is lú an rud is fearr. Má cheannaíonn tú bocsa mór de phúdar níocháin níos saoire ná bocsa beag, b'fhéidir nach é an bocsa is mó an ceann is éifeachtaí - cé gurb é an ceann is saoire é. Seans go mbeidh na héadaí níos glaine agus níos boige má úsáideann tú an púdar is daoire – cá bhfios? Is doiligh a rá.

Sin an rud is measa fán tsiopadóireacht, is doiligh an rud is ciallmhaire a dhéanamh i gcónaí. Ach níl an scéal comh holc sin. De ghnáth baineann muid triail as rudaí éagsúla agus bíonn muid níos eolaí don chéad uair eile.

Ceisteanna

1 An mbreathnaíonn sé ar níos mó ná cóta amháin nuair a bhíonn ceann nua uaidh?

2 An ndéanann sé iarracht an cóta is feiceálaí a phiocadh?

3 Má bhíonn an cóta is saoire níos fearr ná an cóta daor an gceannóidh sé é?

4 An dtoghann sé an cóta is costasaí i gcónaí?

5 Cá huair a cheannaíonn sé an cóta is daoire?

6 An gceannóidh sé an bocsa is mó i gcónaí?

7 An é an bocsa is lú an bocsa is fearr in amanna?

8 An é an bocsa is mó an bocsa is fearr i gcónaí?

9 Cad é an púdar níocháin is fearr?

10 Cad é an míbhuntáiste is mó fán tsiopadóireacht?

Freagraí (atá le cur san ord cheart)

a Déanann.

b Breathnaíonn.

c Ní thoghann.

d Ceannóidh.

e Ní cheannóidh.

f An ceann a chuireann an chuma is glaine agus an boladh is úire ar na héadaí.

g Is deacair an rogha is fearr a dhéanamh ó am go ham.

h Nuair a bhíonn sé níos fearr agus níos deise ná an ceann is saoire.

i Is é.

j Ní hé.

Seanfhocal an Lae

Más fogas dom mo chóta, is foisce dom mo léine.

125

59 Cad é do bharúil?

Nuair a thoghtar iad, déanann siad dearmad ar na gealltanais.

Is iomaí tuairim a bhíonn ag daoine ar rudaí éagsúla – ní lia duine ná barúil!

Níl meas agam ar pholaiteoirí ar an ábhar go ngeallann an chuid is mó acu (roimh thoghchán!) go ndéanfaidh siad seo, siúd agus siúd eile. Ach nuair a thoghtar iad, déanann siad dearmad ar na gealltanais. Ní bhíonn cuimhne acu orthu. Níl muinín agam astu dá bhrí sin. Is beag orm iad.

Tá meas agam ar bhanaltraí agus ar dhochtúirí de thairbhe go mbíonn siad ag iarraidh beatha daoine a shábháil nó a fheabhsú. Bíonn dóchas againn astu – is daoine iontaofa iad. Déanann siad a ndícheall ar son daoine nach bhfuil aithne acu orthu fiú. Bíonn siad ag síorobair ar ár son. Tá dúil agam i ndaoine mar sin.

Is dóigh liom gur dream millte iad go leor de na himreoirí proifisiúnta sacair. Ní bhíonn bród orthu as an gheansaí in amanna. Díoltar barraíocht airgid leo. Tá trua agam do na daoine óga a chaitheann an méid sin airgid mar gheall ar an mhargaíocht seo agus ar dhaoine nach bhfuil suim dá laghad acu iontu!

Ceisteanna

1 An mbíonn barúlacha difriúla ag daoine éagsúla?
2 Cén fáth nach bhfuil meas aici ar pholaiteoirí?
3 An dtig léi a bheith ag brath orthu?
4 An dtig a bheith ag brath ar bhanaltraí?
5 An maith léi daoine mar dhochtúirí?
6 An daoine falsa iad?
7 An daoine santacha cuid de na peileadóirí?
8 An mbíonn bród orthu as an gheansaí i dtólamh?
9 An bhfaigheann cuid de na peileadóirí tuarastal ró-ard?
10 An cuma leo fán lucht leanúna in amanna?

Freagraí (atá le cur san ord cheart)

a De thairbhe nach gcuireann siad lena bhfocal.
b Thig.
c Ní thig.
d Bíonn.
e Ní bhíonn.
f Is ea.
g Ní hea.
h Is maith.
i Is cuma. (*Or* Ní Cuma.)
j Faigheann.

Seanfhocal an Lae

Más gasta an madadh rua beirtear greim sa deireadh air.

60 An timpeallacht

Tá barraíocht peitril á úsáid. Déanann sin dochar don timpeallacht.

Tá an domhan agus an timpeallacht i gcontúirt mhór. Beidh orainn rud inteacht (= éigin) a dhéanamh sula mbí sé rómhall.

Caithfear fuinneamh a shábháil. Tá poll á chur sa chiseal ózóin. Tá caidhp an oighir ag leá agus leibheál na farraige ag éirí ar an ábhar go bhfuil an teocht ag éirí an t-am ar fad. Ní mór dúinn athrú, nó beidh go leor den domhan ag dul faoi thonn.

Tá barraíocht peitril á úsáid. Déanann sin dochar don timpeallacht. Beidh againn le líon na gcarranna príobháideacha a ísliú agus béim a chur ar an iompar phoiblí. Tá an brú tráchta ag dul in olcas lá i ndiaidh lae sna cathracha, sna bailte móra agus amuigh faoin tuath fiú. Athraímis béasaí!

Caithfear fuinneamh a sholáthar, ar ndóigh, ach tá dáinséar ag baint leis an fhuinneamh núicléach, mar a chonacthas in áiteanna cosúil le Chernobyl. Thiocfadh linn úsáid a bhaint as foinsí nádúrtha cosúil leis an ghaoth, an fharraige nó teas na gréine. Más linn an domhan a chaomhnú do na glúnta atá le theacht, déanaimis rud inteacht anois, músclaímis!

Ceisteanna

1 An bhfuil an cine daonna cúramach go leor fán timpeallacht?

2 Cad é atá cearr leis an chiseal ózóin?

3 Cad é a tharlaíonn nuair a ardaíonn an teas?

4 An gcaithfear gearradh siar ar pheitreal?

5 An ndéanann úsáid an pheitril damáiste fadtéarmach don timpeallacht?

6 Cad chuige a bhfuil bus níos cairdiúla don timpeallacht ná carr?

7 Cá háit a bhfacthas an dáinséar leis an fhuinneamh núicléach?

8 Ainmnigh trí fhoinse d'fhuinneamh nádúrtha.

9 An dtig linn an timpeallacht a shábháil?

10 An dtig leis an timpeallacht cur suas le truailliú gan stad?

Freagraí (atá le cur san ord cheart)

a Thig - má thugann muid faoi mar is ceart.

b Ní thig.

c In Chernobyl, áit a raibh pléascán.

d An ghaoth, an fharraige agus teas na gréine.

e Níl (ar chor ar bith!)

f Leánn an chaidhp oighir agus ardaíonn leibhéal na farraige.

g Iompraíonn sé níos mó daoine ar thuras.

h Tá poll á chur ann.

i Caithfear.

j Déanann.

Seanfhocal an Lae

Ní chrothnaítear an t-uisce go dtráitear an tobar!

61 Athchúrsáil; an bealach chun tosaigh

Is féidir gloine, páipéar, plaisteach agus éadach a athchúrsáil.

Ní féidir linn leanstan ar aghaidh gan éisteacht le dreamanna cosúil leis an Pháirtí Ghlas. Ní thig linn, ach oiread, a bheith ag carnadh bruscair agus ag cur acmhainní amú gan smaoineamh ar an dochar a chruthaíonn sé don timpeallacht.

Cé nach smaoinítear minic go leor ar an phointe seo, tá teorainn le hachmhainní nádúrtha an domhain: ola, miotal, crainn, clocha, gaineamh agus araile. Caithfear dearcadh athuair ar an dóigh a gcaitheann muid na hacmhainní seo gan stad. Caomhnaímis ár n-acmhainní nádúrtha!

Má théann muid go dtí an t-ollmhargadh, tagann muid abhaile le málaí plaisteacha, ocht gcinn nó mar sin. Cad chuige nach dtugann muid na málaí folmha linn don chéad uair eile? Bímis níos spárálaí feasta! Cuideoidh sin leis an timpeallacht.

Ba cheart gan bosca bruscair amháin a úsáid. Is féidir linn gloine, páipéar, plaisteach, éadach agus go leor ábhar eile a athchúrsáil agus a úsáid arís. Tá ciall leis seo, ach ní hé sin amháin é, tá gá leis. 'Is glas na cnoic i bhfad uainn' – ach an bhfanfaidh siad mar sin i bhfad eile? Bímis gníomhach ar son na timpeallachta!

Ceisteanna

1 An dtig linn coinneáil orainn gan aird a thabhairt ar fhadhb an bhruscair?

2 An dtig linn straitéisí éifeachtacha a chur i bhfeidhm leis an fhadhb a laghdú?

3 An mairfidh na hacmhainní nádúrtha go deo?

4 An gcaithfear úsáid agus cloí na n-acmhainní nádúrtha a athscrúdú?

5 An dtiocfadh linn málaí a athúsáid?

6 An mbeidh orainn a bheith níos spárálaí amach anseo?

7 An leor bosca bruscair amháin?

8 An fiú athchúrsáil a dhéanamh?

9 An rachaidh athchúrsáil chun sochair don timpeallacht?

10 An ndéanann tú féin rud ar bith le rudaí a athchúrsáil?

Freagraí (atá le cur san ord cheart)

a Ní mhairfidh.

b Caithfear.

c Thig.

d Ní thig.

e Thiocfadh.

f Ní leor.

g Is fiú, cinnte.

h Déanaim – *or* Ghním *Ulster.* (Luaigh cúpla sampla.)

i Beidh.

j Rachaidh.

Seanfhocal an Lae

Ní buan gach ní a chaitear.

62 B'fhearr linn imeacht

Ceannaímid ticéad don chrannchur náisiúnta gach seachtain.

Is mise Úna. Tá cara agam, Síle, agus tá muid ag obair i monarcha. Ní maith linn ár gcuid oibre ach is maith linn an chraic agus an chuideachta. Ceannaímid ticéad don chrannchur náisiúnta idir an bheirt againn gach seachtain. Ba bhreá linn baint! Ba bhuí bhocht linn sin.

Dá mbainfinn moll mór airgid ba mhaith liom teach nua, ach níor mhaith le Síle sin. B'fhearr le Síle árasán a cheannacht i Nua-Eabhrac. Dúirt sí gurbh fhearr léi an saol i Meiriceá ná an saol in Éirinn. B'fhearr liom féin teach mór nua in Éirinn agus ansin dhul ar laethanta saoire go minic. Ba mhaith liom fanacht in Éirinn.

Tá aithne agam ar Shíle le fada an lá. Ba mhúinteoir (í) máthair Shíle agus ba rúnaí (í) mo mháthair. Bhí siad ag obair le chéile sa scoil chéanna. Sin blianta ó shin. Ba chuimhin le Síle an bheirt acu ag imeacht gach maidin ach níor chuimhin liom féin sin ar chor ar bith. Níor pháiste mé a choinnigh cuimhne ar an óige.

Ceisteanna

1 Nach maith le hÚna agus le Síle a gcuid oibre?

2 An maith leo an spórt agus an spraoi sa mhonarcha?

3 Nár mhaith le hÚna teach nua?

4 Ar mhaith le Síle teach mór sa Fhrainc?

5 Nárbh fhearr le Síle bheith ina cónaí i Meiriceá ná in Éirinn?

6 Arbh fhearr le hÚna cónaí i Meiriceá?

7 Ar mhúinteoir scoile (í) máthair Úna?

8 Ar mhúinteoir scoile (í) máthair Shíle?

9 Ar chuimhin le hÚna an dá mháthair ag imeacht gach maidin?

10 Ar chuimhin le Síle sin?

Freagraí (atá le cur san ord cheart)

a Ba mhaith.

b Níor mhaith.

c Is maith.

d Ní maith.

e B'ea.

f Níorbh ea.

g B'fhearr.

h Níorbh fhearr.

i Ba chuimhin.

j Níor chuimhin.

Seanfhocal an Lae

Is fearr cara sa chúirt ná bonn sa sparán.

63 Dá mbainfinn cúig mhilliún punt

Bheadh cóisir mhór agam sa teach nua.

Dá mbainfinn cúig mhilliún punt dhéanfainn cuid mhór rudaí. Ní inseoinn do gach duine go raibh sé bainte agam. D'inseoinn an scéal do mo theaghlach ach d'iarrfainn orthu gan a rá le duine ar bith.

Thabharfainn airgead do gach duine i mo theaghlach. Is cinnte go dtabharfainn sciar den airgead don Tríú Domhan. Thógfainn scoil nó otharlann san Afraic nó san Áise. Ghlacfainn am agus smaoineoinn ar an dóigh a gcaithfinn an t-airgead.

Cheannóinn teach nua agus is dócha go bhfaighinn carr úr fosta. Níl a fhios agam cé acu a d'fhanfainn i mo phost nó a d'éireoinn as. Is cinnte go rachainn ar laethanta saoire agus go ndéanfainn turas thart ar an domhan. Thiocfainn ar ais i gcionn bliana agus shocróinn síos arís.

Bheadh cóisir mhór agam sa teach nua. Thiocfadh mo ghaolta agus mo chairde go léir. Bheadh oíche mhór againn. D'eagróinn béile mór agus grúpa ceoil. Gheobhadh gach duine a sháith le hithe agus bhronnfainn bronntanas ar gach aoi i láthair. Bheadh oíche mhór go maidin ann.

Ceisteanna

1 An ndéanfá a lán dá mbainfeá?

2 An inseofá an scéal d'achan duine?

3 An iarrfá ar do theaghlach gan an scéal a scabadh?

4 An bhfaigheadh gach duine sa teaghlach cuid den airgead?

5 An dtabharfá cuid den airgead don Tríú Domhan?

6 An gcaithfeá an t-airgead faoi dheifre gan smaoineamh?

7 An gceannófá teach úr?

8 Cá huair a thiocfá ar ais?

9 Cad é a d'eagrófá don oíche mhór?

10 An mbeifeá fial flaithiúil leis na haíonna?

Freagraí (atá le cur san ord cheart)

a Gheobhadh.

b Dhéanfainn.   (*Or* Dhéanfadh.)

c Thabharfainn.   (*Or* Thabharfadh.)

d D'iarrfainn.   (*Or* D'iarrfadh.)

e Ní chaithfinn.   (*Or* Ní chaithfeadh.)

f Ní inseoinn.   (*Or* Ní inseodh.)

g Thiocfainn ar ais i gceann bliana.

h Bheinn.   (*Or* Bheadh.)

i Cheannóinn.   (*Or* Cheannódh.)

j D'eagróinn dinnéar mór agus coirm cheoil.

Seanfhocal an Lae

Is fearr go mall ná go brách.

135

64 An tslí bheatha ba mhian le mo mhac

Thiocfadh daoine a fhad leis nuair a chluinfeadh siad fána chuid oibre.

Dá mbeadh an saol ar a mhian ag mo mhac, ba mhaith leis a bheith ina ailtire. Rachadh sé chun na hollscoile agus dhéanfadh sé céim san ailtireacht. Nuair a bheadh sé réidh leis an ollscoil, chaithfeadh sé cúpla bliain ag obair in oifig le taithí a fháil.

Chuirfeadh sé a chomhlacht féin ar bun ansin. Bheadh sé iontach cúramach fán timpeallacht. Thógfadh sé tithe agus oifigí ach d'fhéachfadh sé le athchúrsáil a dhéanamh agus é á dtógáil. Bhainfeadh sé úsáid as teas na gréine, ábhair nádúrtha agus teasdíon a oiread agus ab fhéidir.

Thiocfadh daoine a fhad leis nuair a chluinfeadh siad fána chuid oibre agus nuair a tchífeadh siad (= a d'fheicfidís) a shaothar. Déarfadh siad gur mhaith leo féin tithe mar sin. D'éistfeadh sé leo.

Nuair a bheadh cliú mór air, cheannódh sé píosa mór talaimh agus thógfadh sé 'An Sráidbhaile Glas' air. D'fhásfadh daoine a mbia féin agus chaithfeadh siad saol orgánach ann. Bheadh meas acu ar an nádúr. Chaomhnódh siad an timpeallacht. Chuideoinn féin leis seo a chur i gcrích.

Ceisteanna

1 Cén tslí bheatha a ba mhaith lena mac?
2 Cá hait a mbainfidh sé an chéim amach?
3 Cá háit a bhfaighidh sé taithí ar feadh chúpla bliain mar ailtire?
4 An bhfuil rún aige a bheith ina ailtire neamhspleách amach anseo?
5 An mbeidh an timpeallacht mar thosaíocht mhór aige?
6 An spréifidh a chliú agus a cháil fríd am?
7 An éistfidh sé lena chuid custaiméirí?
8 An gcuirfidh siad barr ar an tSráidbhaile Ghlas?
9 An bhfuil 'An Sráidbhaile Glas' tógtha go fóill?
10 An dtabharfaidh a mháthair tacaíocht dó?

Freagraí (atá le cur san ord cheart)

a Is cosúil go bhfuil.
b Níl – ach táthar ag smaoineamh faoi.
c Is cinnte go mbeidh.
d Gheobhaidh sé sin in oifig.
e Táthar dóchasach go spréifidh.
f Éistfidh, agus foghlaimeoidh sé cuid mhór ó na moltaí.
g Cuirfidh.
h Tabharfaidh. (Or Bhéarfaidh Ulster).
i Ba mhaith leis a bheith ina ailtire.
j Bainfidh sé an chéim amach in ollscoil.

Seanfhocal an Lae

Is buaine cliú ná saol.

65 Chaithfí airgead dá bhfaighfí é.

Cheannófaí carr athláimhe ar mhíle punt.

Dá gceannófaí carr athláimhe ar mhíle punt agus dá dtairgfí ceithre mhíle punt air, dhíolfaí é. Dhéanfaí trí mhíle punt de bhrabús. Déarfaí gur chinneadh maith a bhí ann. Choinneofaí an t-airgead agus cheannófaí rud inteacht leis. Bheifí sásta.

Rachfaí go dtí na siopaí agus d'amharcfaí ar na rudaí atá le fáil iontu. Dá dtiocfaí ar mhargadh mhaith, gheofaí é. Thabharfaí chun an bhaile é agus bhainfí úsáid as.

Thiocfaí cuid mhór a dhéanamh leis an airgead. D'fhéadfaí dhul go bialann, mar shampla. D'ordófaí béile deas. D'íosfaí bia agus d'ólfaí caife i ndiaidh an bhéile. D'íocfaí an bille agus d'imeofaí. Bheifí líonta lán ina dhiaidh sin, ach phillfí (= d'fhillfí) chun an bhaile breá sásta.

Ní chaithfí an t-airgead uilig ar an bhéile, ar ndóigh. Chuirfí cuid de sa bhanc. Shábhálfaí cuid de agus chaithfí an chuid eile. Shuífí síos agus smaoineofaí ar an dóigh ab fhearr leis an airgead a chaitheamh. D'éistfí le comhairle dá dtabharfaí í. Chluinfí cuid mhór moltaí, ar ndóigh. Ní thoghfaí ach na cinn ab fhearr.

Ceisteanna

1 An gceannófaí carr athláimhe ar mhíle punt?
2 An bhféadfaí carr úrnua a thabhairt ar charr athláimhe?
3 An ndíolfaí an carr ar bhrabús?
4 An amharcfaí ar rudaí sna siopaí?
5 An gcaithfí cuid den airgead sa bhialann?
6 An gcaithfí an t-airgead uilig sa bhialann?
7 An gceannófaí carr eile leis an airgead?
8 An imeofaí gan an bille a íoc?
9 An gcluinfí cuid mhór moltaí?
10 An dtoghfaí gach ceann acu?

Freagraí (atá le cur san ord cheart)

a Dhíolfaí.
b Cheannófaí.
c D'amharcfaí.
d Chaithfí.
e Ní chaithfí.
f Ní fhéadfaí.
g Is cosúil nach gceannófaí.
h Ní thoghfaí. Ní thabharfaí aird ach ar na cinn mhaithe.
i Ní imeofaí. Díolfaí é sula n-imeofaí.
j Chluinfí. (Also Chloisfí, M, C).

Seanfhocal an Lae

Ceannaigh seanrud agus bí gan aon rud.

66 Bhíodh am ar dóigh agam

Deireadh sé rudaí greannmhara ó am go ham.

Bhíodh am ar dóigh agam ar an bhunscoil. Thagadh an múinteoir isteach gach maidin agus d'fhoghlaimínn a lán uaidh. Labhraíodh sé ar chuid mhór rudaí agus d'éistinn leis go cúramach. Deireadh sé rudaí greannmhara ó am go ham. Dhéanainn gáire nuair a chluininn iad. Dhéanadh seisean gáire fosta.

Thugadh an múinteoir amach ar siúlóid muid. Théinn amach agus áthas an domhain orm a bheith amuigh faoin aer. D'insíodh sé dúinn fán nádúr agus thuiginn i gcónaí é nó mhíníodh sé gach rud go hiontach soiléir. B'fhear uasal é.

Nuair a d'imrínn cluiche, chuireadh sé comhairle ar dóigh orm. Nuair a scríobhainn aiste léadh sé í agus phléadh sé an píosa liom. Ní ardaíodh sé a ghlór ná ní bhíodh sé borb le duine ar bith againn in am ar bith. Ba mhúinteoir den chéad scoith é.

Is minic a shuínn agus a deirinn liom féin go raibh an t-ádh dearg orm a leithéid de mhúinteoir a bheith agam. Ní chaillinn lá ar bith nuair a bhínn i rang s'aigesean. Spreagadh sé agus mholadh sé i gcónaí muid. Bhíodh meas mór againn air sin.

Ceisteanna

1 An mbíodh am maith aici ar scoil?
2 An bhfoghlaimíodh sí cuid mhór ón mhúinteoir?
3 An gcuireadh sí cluas le héisteacht uirthi féin?
4 An dtéadh siad amach as an tseomra go minic?
5 An dtaitníodh na siúlóidí leis na páistí?
6 Ar dhuine séimh an múinteoir seo?
7 An imrítí spórt ar an scoil seo?
8 An gceartaíodh an múinteoir na haistí?
9 An dtagadh sí chun na scoile gach lá?
10 An mbíodh na páistí díomúinte leis an mhúinteoir seo?

Freagraí (atá le cur san ord cheart)

a Chuireadh.
b Théadh.
c Thaitníodh.
d Thagadh.
e Cheartaíodh.
f Bhíodh.
g Ní bhíodh.
h D'fhoghlaimíodh.
i B'ea.
j D'imrítí.

Seanfhocal an Lae
Mol an óige agus tiocfaidh sí.

141

67 D'éalaíodh sé go Tír Chonaill

Shuíodh sé cois abhann ag iascaireacht.

Nuair a thagadh an deireadh seachtaine thiomáineadh Peadar abhaile óna chuid oibre. Théadh sé isteach chun tí, d'óladh sé cupa tae agus d'itheadh greim gasta. Thógadh sé a chuid málaí, phacáladh an carr agus bhuaileadh sé bóthar ansin.

D'imíodh sé go Tír Chonaill. D'fhágadh sé Béal Feirste ar a cúig agus bhaineadh sé Gaoth Dobhair amach ar a hocht. D'fhanadh sé i nGaoth Dobhair oíche Aoine agus oíche Shathairn. Philleadh sé abhaile go mall tráthnóna Dé Domhnaigh.

Dá mbíodh an aimsir maith, thugadh sé leis a shlat iascaireachta. Shuíodh sé cois abhann ag iascaireacht. Dá mbíodh sé ag cur, d'fhanadh sé istigh. Léadh sé leabhar nó d'éisteadh sé leis an raidió. Chuireadh sin thart an t-am dó.

Mhúsclaíodh sé agus d'éiríodh sé luath maidin Dé Sathairn. Cheannaíodh sé bia san ollmhargadh. Thugadh sé cuairt ar a chara. D'imríodh siad cluiche gailf ar a suaimhneas. Théadh siad ar ais go teach Pheadair. D'itheadh siad béile le chéile. Phléadh siad an pholaitíocht, an litríocht, spórt agus cúrsaí reatha le linn an bhéile. Thaitníodh an díospóireacht agus an comhrá leo.

Ceisteanna

1 An dtaistealaíodh Peadar chuig a chuid oibre ina charr?

2 An dtaistealaíodh Peadar go Dún na nGall i lár na seachtaine?

3 An mbíodh a bholg folamh agus é ag tiomáint go Dún na nGall?

4 Cá fhad a bhaineadh an turas as?

5 An bhfanadh sé dhá oíche i nGaoth Dobhair?

6 Nach bhfanadh sé trí oíche ansin?

7 An mbíodh breac nó bradán á lorg aige?

8 An luíodh sé go meán lae maidin Dé Sathairn?

9 An imríodh sé cártaí, táiplis nó ficheall?

10 Cad é an t-ábhar cainte a bhíodh acu agus iad ag ithe?

Freagraí (atá le cur san ord cheart)

a Bhíodh.

b Ní bhíodh.

c Thaistealaíodh.

d Ní thaistealaíodh.

e D'fhanadh.

f Ní fhanadh.

g Ní imríodh.

h Ní luíodh.

i Labhradh siad (= Labhraídís) ar an pholaitíocht, an litríocht, spórt agus cúrsaí reatha.

j Trí huaire an chloig de ghnáth.

Seanfhocal an Lae

Éist le tormán na habhann agus muirfidh tú breac.

68 Ba ghnách liom a bheith i m'aisteoir

D'imrínn cispheil ar scoil.

Ba ghnách liom cispheil a imirt nuair a bhí mé ar scoil. Cé gur ghnách liom í a imirt, níor ghnách liom í a imirt go rialta. Is é an fáth nár ghnách liom sin a dhéanamh nó go mbíodh go leor rudaí eile ar siúl agam.

Ba ghnách liom a bheith ag dul don drámaíocht. Bhí mé ard do m'aois agus maith mar aisteoir. Ar an ábhar sin, ba ghnách leis an mhúinteoir drámaíochta an phríomhpháirt a thabhairt domh i gcónaí.

Níor ghnách liom é a dhiúltú ach bhíodh cuid mhór ama i gceist leis an chleachtadh. Ba ghnách le mo mháthair tabhairt amach domh i rith an ama:

'Nár ghnách leatsa i bhfad níos mó oibre a dhéanamh, a iníon?' arsa sise liom. 'Ba ghnách, a mháthair,' arsa mise, 'ach beidh an dráma ar an ardán fá cheann míosa.'

'Níor ghnách leat a bheith comh fada sin ar shiúl ó do chuid staidéir, a thaiscidh.'

'Níor ghnách, a Mhamaí, ach seo an dráma deireanach. Éireoidh mé as an chispheil agus as an drámaíocht ar ball. Déanfaidh mé réidh do na scrúduithe.'

Ceisteanna

1 Ar ghnách léi iománaíocht nó peil Ghaelach a imirt ar an mheánscoil?

2 Ar ghnách léi a bheith páirteach i ndrámaí agus í ar scoil?

3 Ar ghirseach bheag bhídeach í dá haois?

4 Arbh aisteoir maith í?

5 An dtugtaí páirteanna tábhachtacha sna drámaí di?

6 An dtugadh a máthair amach di?

7 Más seo Mí Mhárta, cá huair a bheas (= a bheidh) an dráma ar an stáitse?

8 An é seo an dráma deireanach go cionn píosa?

9 An mbeidh sos ón drámaíocht aici i ndiaidh an dráma seo?

10 An ndíreoidh sí a haird ar na scrúduithe nuair a bheas an dráma thart?

Freagraí (atá le cur san ord cheart)

a Ba ghnách.

b Níor ghnách.

c Thugtaí.   (*Or* Bheirtí *Ulster.*)

d Thugadh.   (*Or* Bheireadh *Ulster.*)

e B'ea.

f Níorbh ea.

g Is é.

h Díreoidh. Cromfaidh sí ar an obair.

i Beidh sé ar siúl i Mí Aibreáin.

j Beidh.

Seanfhocal an Lae

Iomad na lámh a bhaineas an cath.

69 Na rudaí a dhéantaí Lá Fhéil' Bríde

Thagtaí isteach leis an luachair ansin agus dhéantaí crosóga di.

Lá mór i saol na sean-Ghael, Lá Fhéil' Bríde – an chéad lá de Mhí Feabhra. Bhaintí luachair agus thugtaí abhaile í. D'fhágtaí ag an doras í ach d'fhantaí go ham tae sula dtugtaí isteach chun tí í.

Bhuailtí cnag ar an doras ag am tae agus scairtí amach na focail seo a leanas:

> 'Gabhaigí ar bhur nglúine,
>
> Fosclaigí bhur súile,
>
> Agus ligigí isteach Bríd'.

Deirtí, mar fhreagra:

> 'Is é beatha, is é beatha,
>
> is é beatha na mná uaisle.'

Thagtaí isteach leis an luachair ansin agus dhéantaí crosóga di. Nuair a dhéantaí na crosóga, bheannaítí an lá arnamhárach iad – Lá na gCoinneal. Chrochtaí na crosóga in airde sna tithe in onóir do Naomh Bríd.

Bhítí ag dul do nós eile, 'Brat Bríde'. D'fhágtaí píosa éadaigh amuigh thar oíche agus chreidtí go mbeannaíodh Bríd é. D'fhuaití píosa den éadach sin ar éadaí daoine agus deirtí go gcumhdaíodh Brat Bríde na daoine sin ar feadh na bliana.

Ceisteanna

1 Ar lá mór i saol na sean-Ghael, Lá Fhéil' Bríde?
2 An mbaintí féar an lá sin?
3 An mbaintí luachair?
4 An bhfágtaí an luachair ag an doras?
5 An bhfágtaí amuigh ar feadh míosa í?
6 An dtugtaí isteach ag am tae í?
7 An ndéantaí crosóga den luachair?
8 An mbeannaítí an lá arnmhárach iad?
9 An gcreidtí go mbeannaíodh Bríd an t-éadach a d'fhágtaí amuigh thar oíche?
10 Cad é a dhéantaí le Brat Bríde?

Freagraí (atá le cur san ord cheart)

a Bhaintí.
b Ní bhaintí.
c D'fhágtaí.
d Ní fhágtaí.
e B'ea.
f Bheannaítí.
g Is cosúil go gcreidtí.
h D'fhuaití ar éadaí daoine é le iad a chosaint i rith na bliana.
i Dhéantaí. (*or* Ghníthí *Ulster*).
j Thugtaí. (*or* Bheirtí *Ulster*).

Seanfhocal an Lae

Brat Bríde orainn!

147

70 Ag baint an fhéir i dteach Uí Bhaoill

Bhí chóir a bheith gach duine sa teaghlach ag obair fán teach.

Bhí mé ag siúl thart le teach Uí Bhaoill an lá faoi dheireadh. Bhí chóir a bheith gach duine sa teaghlach ag obair fán teach. Bhí Máire, Bean Uí Bhaoill, agus a hiníon, Síle Ní Bhaoill, ag glanadh an tí - ach ní raibh an obair á dtuirsiú.

Bhí an tUasal Ó Baoill ag iarraidh an teach a phéinteáil ach bhí air fanacht go raibh na mná réidh. Bhí clann mhac an Uasail Uí Bhaoill ag obair taobh amuigh. Bhí Cathal ag baint an fhéir, bhí Éamann ag scuabadh an chosáin agus bhí Aodh ag ní na bhfuinneog. Bail ó Dhia ar an obair!

Chuaigh mé trasna na sráide i dtreo theach Mhic Dhónaill. Bhí an tUasal Mac Dónaill ag iarraidh an féar a bhaint ach bhí an lomaire faiche briste. Bhí Bean Mhic Dhónaill á chóiriú. Bhí iníon an tí, Úna Nic Dhónaill, ag ní na ndoirse agus á dtriomú.

Bhí Séamas agus Seán Mac Dónaill ag tógáil balla cloiche. Bhí Séamas ag tógáil na gcloch agus bhí Seán á gcur in áit. 'Beidh sos againn,' arsa Seán, 'tá mo dhroim do mo ghortú.' Is cinnte go raibh an droim á ghortú nó bhí na clocha trom. 'Tá an obair seo do mo chrá' arsa Séamas. 'Tá sí do mo chloí.'

Ceisteanna

1 An fíor go raibh beagnach gach duine i dteach Uí Bhaoill i mbun oibre?

2 Cad é a bhí an bheirt bhan a dhéanamh taobh amuigh den teach?

3 An raibh an tUasal Ó Baoill ag péinteáil an tí?

4 Cad é a bhí Éamann a dhéanamh ar an chabhsa?

5 An mbeidh cuma níos glaine ar na fuinneoga nuair a bheas Aodh réidh leo?

6 An bhfuil clann Uí Bhaoill ina gcónaí os comhair chlann Mhic Dhónaill?

7 Cé a bhí ag brath an fhaiche a lomadh tigh Mhic Dhónaill (= i dteach Mhic Dhónaill)?

8 Deirtear linn go raibh an lomaire faiche briste, ach cé a bhí á dheisiú?

9 Má bhí Seán Mac Dónaill ag cur na gcloch in áit cé a bhí á dtógáil?

10 An raibh droim Sheáin á ghortú?

Freagraí (atá le cur san ord cheart)

a Bhí siad á ghlanadh.

b Is fíor.

c Ní raibh – ach bhí sé ar tí tosú.

d Tá. Tá siad go díreach os coinne a chéile.

e An tUasal Mac Dónaill.

f Bean Mhic Dhónaill.

g Séamas.

h Bhí sé á scuabadh.

i Bhí, ar an drochuair. Bhí an phian á mharú.

j Beidh – nó táthar ag súil go mbeidh!

Seanfhocal an Lae

Ní neart go cur le chéile.

149

Foclóir *Glossary*

Noda don Fhoclóir
Abbreviations for the Glossary

Nod	Béarla	Gaeilge
adj	adjective	aidiacht *3f*
adv	adverb	dobhriathar *1m*
alt	alternatively	nó
art	the article	an t-alt *1m*
auton	autonomous	saorbhriathar *1m*
condit	conditional (mood)	(modh *3m*) coinníollach
C	Connaught	Gaeilge Chonnacht
cpd	compound	comhshuite
cpve	comparative	breischéim *2f*
dat	dative	tabharthach *1m*
def	definite	cinnte
dep	dependent form	foirm *2f* spleách
f	feminine	baininscneach
fut	future tense	an aimsir fháistineach
gen	genitive	ginideach *1m*
gpl	genitive plural	ginideach iolra
gs	genitive singular	ginideach uatha
imperf	imperfect tense	an aimsir ghnáthchaite
indep	independent form	foirm *2f* neamhspleách
interrog	interrogative	foirm *2f* cheisteach
ipve	imperative mood	an modh ordaitheach
irr(eg)	irregular	mírialta
m	masculine	firinscneach
M	Munster Irish	Gaeilge na Mumhan
neg	negative	foirm *2f* dhiúltach
np/npl	nominative plural	ainmneach 1m iolra
num	numeral	uimhir *5f*
phr	phrase	frása *4m*, dul cainte
pl	plural	iolra
poss	possessive	sealbhach
pn	place-name	logainm *4m*
pron	pronoun	forainm *4m*
pres	present tense	an aimsir láithreach
prp	preposition	réamhfhocal *1m*
rel	relative	coibhneasta
sg	singular	(uimhir) uatha
spve	superlative	sárchéim *2f*
Std	Standard Irish	An Caighdeán Oifigiúil
subj	subjunctive	modh foshuiteach
U	Ulster Irish	Gaeilge Chúige Uladh
v	verb	briathar
vadj	verbal adjective	aidiacht *3f* bhriathartha
var	variant	leagan *1m* malartach
vn	verbal noun	ainm *4m* briathartha

Foclóir Gaeilge-Béarla

a *poss* his, her, its, their.
a relative particle.
ab *rel. of past/condit. copula*;
ab fhearr best, would prefer.
abair *v* say, *past* **dúirt**; *pres.*
deir; *fut.* **déarfaidh**; *condit.*
déarfadh; *imperf.* **deireadh**;
vn **rá**; *vadj* **ráite**.
ábalta *adj.* able.
abhaile *adv.* homewards, see
baile.
abhainn *5f* river, *gs* **abhann.**
ábhar *1m* subject, **cén t-á.**
what subject?, **an t-á. cainte**
the topic of conversation,
gs&np **ábhair, na hábhair seo**
these topics; *in phr* **ar an**
ábhar go bhfuil suim agam sa
Ghaeilge because I am
interested in Irish = **de**
thairbhe go ... = **de bhrí go**
...
ach *conj* but
achan every *U* = **gach** *Std* <
gach aon 'every single'.
aclaí *adj* athletic, fit.
aclaíocht *3f* athleticism,
physical exercise, *gs* **~a.**
acmhainn *2f* resource, **~ grinn**
sense of humour, *pl* **~í**
nádúrtha natural resources.
acu *prp* at them, see **ag; an**
duine is sine ~ the oldest of
them; **cuid ~** some of them.
ádh *1m* luck, fortune; **á. mór**
(ort) good luck (to you).
adharc *2f* horn, *pl* **Bíonn ~a**
fada ar na ba thar lear. Cows

over the seas have long horns =
Is glas na cnoic i bhfad
uainn. Far off hills are green.
aer *1m* air. See **fál.**
aerfort *1m* airport.
aeróstach *1m* airhost(ess).
Afraic *2f* Africa, **an ~, gs na**
h~e.
ag *prp* 'at'
againn at us, see **ag.**
agam at me, see **ag.**
agat at you, see **ag.**
agatsa at you *emphatic*, see
ag.
aghaidh *2f* face, **ar ~** ahead.
agus *conj* and.
Aibreán *1m* April *gs* **Mí (an)**
Aibreáin the month of April.
aice *cpd prp* in **~ (le)** beside.
aichearra *4f, U* shortcut =
aicearra *m, Std.*
aici at her, see **ag.**
aicme *4f* class, grade.
Aifreann *1m* Mass.
aige at him, see **ag.**
áiléar *1m* attic, garret.
ailtire *4m* architect.
ailtireacht *3f* architecture.
aimsir *2f* weather, *gs*
buachaill ~e servant boy.
aimsiú *vn* to find = **t(h)eacht**
ar.
aineolas *1m* ignorance.
ainm *4m* name. **Cad é an t-~**
atá ort? What is your name?
ainmhí *4m* animal.
ainmnigh *v* name, mention.
aintín *4f* aunt.

air on him/it *m*., see **ar**.

aird *2f* heed, attention, *gs* ~**e**; ~ **ag ar** to like: **Tá an-aird aige ar an tír sin.** He really likes that country. = **Is maith leis an tír sin go mór.** = **Tá dúil bhocht aige sa tír sin.** See **dírigh**.

airde see **ard**. *also* **Chroch sí in** ~ **sa chistin í**. She hung it up in the kitchen.

aire *4m* (government) minister.

aire *4f* attention, **ar tugadh** ~ **di?** was she looked after?

airgead *1m* money, *gs* **airgid**; ~ **réidh** cash.

áirithe *adj* certain; **cur in** ~ to book, reserve.

áis *2f* resource, amenity, *pl* ~**eanna oideachais** educational resources.

Áise *4f* **an** ~ Asia.

aisce *in phr* **saor in** ~ free = **gan íoc**.

aiste *4f* essay.

aisteach *adj* strange = **saoithiúil**.

aisteoir *3m* actor.

aisti *prp* out of her < **as**. **An mbainfidh an turas uair an chloig** ~**?** Will the journey take her a half an hour (*lit*. take a half an hour out of her)?

áit *2f* place, *pl* ~**eanna**; **cá h**~ where?

aithne *4f* personal acquaintance, **tá a. agam air** I know him. See **fios** know (a fact). See **tíos**.

aithníonn recognises < **aithin**.

áitiúil *adj* local.

álainn *adj* beautiful = **galánta**.

Albain *5f* Scotland, *gs* **na hAlban**.

Albanach *1m* a Scot.

am *3m* time, *gs* **ama**, *pl* **in amanna** sometimes = **ó am go ham** = **anois agus arís** = **corruair**; **in** ~ **go leor** in time = **luath go leor**; **am ar bith** (at) anytime.

amach *adv* out; ~ **anseo** at some time in the future; **amach is isteach ar ocht gcéad duine** about 800 people = **timpeall 800** = **thart fá 800**.

amárach *adv* tomorrow.

amháin one, **rud** ~ one thing.

amharc (ar) *v* look (at), *past* **d'amharc** *pres 1sg* **amharcaim**, *3sg* **amharcann**, *fut* **amharcfaidh**, *auton* **amharcfar**, *condit*. **d'amharcfadh** would look, **d'amharcfaí** would be looked at; **an amharctar ar an teilifís barraíocht?** is too much televison watched? **amharc romhat** look before you.

amharc *1m* **as** ~ **as intinn** out of sight, out of mind.

amharclann *2f* theatre.

amhrán *1m* song, *gs&np* **amhráin**.

amhras *1m* doubt, **gan dabht gan** ~ beyond any shadow of a doubt.

amú *adv* wasted, **cur ~ to** waste, **ní rachaidh siad ~** they will not go off.

amuigh *adv* outside

an *def. article* the.

an- very.

an interrogative particle: *copula* (does not eclipse) **an cuimhin le Seán?** does S. remember? *With ordinary verbs* (eclipsis): **an gceannaíonn sé?** does he buy? *etc.*

anall over. **~ as Meiriceá** over from America.

anam *3m* soul.

anarac *1m* anorak.

an-ard very high.

an-daor very dear.

an-ghasta very quick.

aniar *adv* from the west, *in phr* **go dtagann maidin Dé Luain ~ aduaidh air** that Monday morning creeps up on him unawares (*lit.* 'from the north west').

anlann *1m* sauce.

ann *prp* 'in him/it *m*', common as *adv* **Tá lá breá ann.** 'It is a fine day' etc.

annamh *adj* rare, seldom.

anocht *adv* tonight.

anoir *adv* from the east.

anois *adv* now.

anonn *adv* over.

anraith *2f* soup.

ansa *in phrase* **is ~ liom** I prefer, really like = **is maith liom.**

anseo *adv* here.

ansin *adv* there.

an-tugtha (do) *adj* very fond (of).

anuas *adv* down, from above; **le dhá mhíle bliain anuas** for the last 2000 years.

anuraidh *adv* last year.

Aodh *pers. name* 'Hugh'.

aoi *4m* guest.

aoibhinn *adj.* beautiful = **deas.**

Aoine *4f* Friday, **Dé h~** on Friday.

aois *2f* age; (century = **céad**). **Cad é an ~ a bheas ag máthair Mhánais?** What age will Mánas's mother be? **Cá h~ thú** What age are you = **Cén ~ atá agat?**

aon *num* one.

aonar *1m, gs* **duine aonair** one person.

Aontroim *pn* Antrim, *gs* **Contae Aontroma** County Antrim.

aosta *adj* old, aged = **sean; ag óg agus ag ~** for both the young and the old.

ar *prp* on (**orm, ort, air, uirthi, orainn, oraibh, orthu**). See **aghaidh.**

ár our.

árachas *1m* insurance.

araile *in phr* **agus araile** etc., and so on; short form **srl.**

arán *1m* bread.

Árann *gen.* of Aran Island(s).

árasán *1m* flat, apartment, *gs&np* -**áin**.

arbh *past copula* **cén lá arbh éigean dó?** what day did he have to? **Arbh aisteoir maith í?** Was she a good actress?

ard *adj* high, tall; **níos airde** taller, **is airde** tallest.

Ard Mhacha *pn* Armagh.

ardaigh *v* raise, **nuair a ardaíonn an teas** when the heat/temperature rises **ardaíodh** was raised.

ardaitheoir *3m* lift.

ardán *1m* stage, platform.

ardmháistreas *3f* head mistress.

arís *adv* again.

arnamhárach *adv* **an lá ~** the following day.

arsa said.

arú *adv* **~ inné** the day before yesterday.

as *prp* out (of); **an ~ Doire Síle?** Is S. from Derry? (**asam, asat, as, aisti, asainn, asaibh, astu**).

asal *1m* donkey. **Is fearr an t-a. a iompraíos thú** Better the donkey that carries you.

astu out of them, see **as**.

atá 'which is/are' *rel.* of **tá**, see **bí**.

ath- *prefix* re-.

athair *5m* father, **athair mór** grandfather *U* = **seanathair**.

áthas *1m* joy = **lúcháir**.

athbheochan *3f* revival.

athchúrsáil *v* recycle, *noun 3f.*

athláimhe *adj* second-hand.

athraigh *v* change

athraímis 'let us change' *1pl. ipve;*

athrófar 'will be changed' *fut. auton;*

athróidh 'will change'; *vn* **athrú,**

vadj **athraithe**.

athscrúdú *vn* re-examine.

athuair *adv* once again.

athúsáid *vn* to re-use.

b' < ba before *(f)vowel:* **b'fhearr liom** I would prefer, **b'éigean dó** he had to'.

ba *past/condit* of copula **is**. **Is maith liom** 'I like', **ba mhaith liom** 'I would like'.

ba *npl* of **bó** cow.

bac (le) *v* bother (with).

bád *1m* boat.

bagáiste *4m* baggage.

bail *5f* state, condition; **~ ó Dhia ar** may God bless.

baile *4m* home, town. **sa bh.** at home, *pl* **bailte móra** large towns.

bainc *see* **banc**.

bain take, win reap, cut; see **céim, iomad, stad, sult**; *past* **bhain**, *auton* **baineadh an fhiacail amach** the tooth was taken out; **Níor baineadh den taisce ar feadh bliana.** The stash was not touched for a year. *pres.* **bainim, baineann,** *auton* **baintear úsáid as ceann**

de na seomraí leapa one of the bedrooms is used. *fut* **bainfidh, ní bhainfidh tú san fhómhar** you will not reap in autumn, *auton* **Bainfear an seanpháipéar balla anuas** The old wall paper will be taken down. *condit.***bhainfeadh, bhainfí úsáid as** it would be used (*auton*); *imperf* **bhaineadh, bhaintí luachair** rushes used to be cut (*auton*), **Bhain mé Baile Átha Cliath amach** I reached Dublin = **Shroich mé BÁC. Cad é mar a bhain sí an t-ollmhargadh amach?** How did she get to the supermarket? See **ceann (scríbe).**
Vn **baint** (which see), *vadj* **bainte.**

bainisteoir *3m* manager = **stiúrthóir.**

bainne *4m* milk.

baint *vn* of **bain; ag ~ fúithi** living = **ina cónaí. Cad é an buntáiste is mó atá ag ~ leis?** What is the greatest advantage associated with it?

báire *in phr* **i dtús ~** = initially = **i dtús ama** = **ag an tús; i lár ~** in the middle.

baistear is called, *lit.* 'is baptised'.

báistigh, ag ~ raining = **ag cur (go trom).**

balcóin *3f* balcony.

ball *1m* member, **ar ~** in a while; **Cén ~ dá cuid éadaigh?** What item of her clothing?

balla *4m* wall.

ban *gpl* of **bean** woman, **beirt bhan** two women.

bán *adj* white, *pl* **~a.**

banaltra *4f* nurse, *pl* **~í.**

banana *4m* banana *pl* **~í.**

banc *1m* bank, *gs&np* **bainc.**

bándearg *adj* 'pink', *lit.* 'white-red'.

baol *1m* danger = **contúirt** = **dáinséar.**

barr *1m* top = **mullach;** see **sláinte;** crop **an gcuirfidh siad barr?** will they plant crops?

barraíocht *3f* too much = **an iomarca; i bhfad ~** far too much.

barúil *3f* opinion = **tuairim. Cad é do bh.?** What do you reckon/think?; **barúlacha difriúla** different opinions = **tuairimí éagsúla.**

bascaed *1m* basket = **bascáid** *2f U.*

beacán *1m* mushroom, *npl* **beacáin.**

beag *adj* little, small, *pl.* **beaga.** See **cuidiú.**

beagán *1m* a small amount + *gen.*

beagnach almost = **chóir a bheith.**

beairtín *4m* parcel.

béal *1m* mouth; **ar ~ maidne** the first thing (in the morning).

Béal Feirste *pn* Belfast.
bealach *1m* road, *gs* **bealaigh**;
= **bóthar** = **ród**.
béaloideas *3m* folklore, *gs* ~a;
= **seanchas**.
Bealtaine *4f* May.
bean *irreg. f* woman, *gs&np*
mná. See **ban** (*gpl*).
Beann Mhadagáin *pn*
Cavehill (in Belfast).
beannaigh *v* bless. **An**
mbeannaítí an lá
arnamhárach iad? Did they
used to be blessed the
following day? See **creid**.
Beannchar *pn* Bangor, Co.
Down.
bearád *1m* cap.
Béarla *4m* English (language).
bearradh *vn* to shave, **á**
bhearradh féin shaving
himself.
bearrtha *adj* cut.
beartaithe *adj* planned =
socraithe, pleanáilte; rud ar
bith ~ nothing planned.
béasaí *pl* manners, ways.
beatha *gs* of **bith, slí bheatha**
a living = **obair** = **post; ag**
iarraidh beatha daoine a
shábháil trying to save
people's lives; See **stíl, uasal**.
beathach *1m* horse *U* = **capall**.
beidh will be, see **bí**.
beifear will be (*auton*), see **bí**.
b'éigean (do) had to.
béile *4m* meal = **tráth bídh**.
béim *2f* emphasis, blow.

beir give birth, *past auton*
rugadh was/were born; **beir**
ar catch hold off, see **greim**.
beirt *2f* two people
beo *adj*. alive
b'fhéidir perhaps = **seans**.
b'fhiú would be worth.
bh- *see* **b-**
bheadh would be, see **bí**.
bheannaítí used to be blessed.
bheas *fut rel*. of **beidh** 'will
be', see **aois**.
bheifí sásta one would be
happy, **an mbeifeá?** would you
be?
bheirim I give *U* = **tugaim**
Std.
bhf- *see* **f-**
bhfaighfí *condit. auton. dep*.
of **faigh** get.
bhfaighidh *dep*. will get.
bhfaighinn *dep*. I would get.
bhí was/were, *see* **bí**.
bhínn I used to be *see* **bí**.
bhíodh used to be *see* **bí**.
bhíothas was (*past auton*.) *see*
bí.
bhítí used to be (*imperf auton*.)
see **bí**.
bhuel well.
bhur *poss*. your *2pl*.
bia *m* food, **greim bídh** snack,
bite to eat. *gs* ~ *Std*.
biachlár *1m* menu.
bialann *2f* restaurant, *npl* ~a.
bídeach *adj* tiny = **an-bheag**,
baoideach *U*.
bídh *alt. gs* of **bia** 'food'.

bím I am, **bíonn** is/are
(habitual) < **bí.**
bímis let us be < **bí.**
bige *gs* of **beag.**
bileog *2f* brochure, *npl* **~a**
eolais information leaflets.
bille *4m* bill = **táille,** *pl* **billí.**
bindealán *1m* bandage.
bíodh go/nach although = **cé**
go/nach = gidh go/nach.
biseach *1m* improvement,
tháinig ~ ar improved.
bisigh *v* improve.
bith *in phrase* **ar ~** any.
Bitheolaíocht *3f* Biology.
blas *1m* taste, accent.
blasta *adj* tasty.
bláth *3m* flower, *pl* **~anna.**
bliain *3f* year, **i mbliana** this
year, *pl* (no numerals) **na**
blianta the years, *gs* & *pl*
(numerals) **sé bliana** six years.
bloc *1m* block.
bloclitreacha *pl* blockletters,
capitals < **bloc + litir.**
bocht *adj* poor. See **dúil.**
bocsa *4m* box *U* = **bosca** *Std.*
bog *v* move, *vn* **~adh,**
fut. auton. **bogfar** will be
moved.
boige níos b. softer < **bog.**
bóithre *pl* of **bóthar** road.
boladh *1m* smell, see **úr.**
bolg *1m* belly.
bolgam *1m* a mouthful =
braon.
bomaite *4m* minute =
nóiméad.

bonn *1m* **~ sa sparán** a coin in
the purse; *in phr* **ar bh.**
laethúil on a daily basis.
bord *1m* board, table = **tábla**
U, gs/np **boird, cruinniú**
boird board meeting.
bordáil *vn* **pas bordála**
boarding pass; *v* **sular bh. sí**
before she boarded.
bosca *see* **bocsa.**
bothán *1m* hovel, little hut,
cabin.
bóthar *1m* road = **bealach**
mór = ród.
brabús *1m* profit = **preafáid.**
brách *adv* **go ~** never;
(forever),
bradán *1m* salmon.
braon *1m* drop = **bolgam.**
brat *1m* mantle = **fallaing.**
brath *vn* **ag ~** intending; **Cé a**
bhí ag brath an fhaiche a
lomadh? Who was about to
mow the lawn?; **an féidir a**
bheith ag ~ ar? can one
depend on?
bráthair *5m* brother,
companion.
brathann *v* depends.
breá *adj* fine.
breac *1m* trout.
breac *adj* speckled.
breac *v* jot, **ag ~adh síos nótaí**
jotting down notes.
bréag *2f* lie.
bréagán *1m* toy, *gs&np* **–áin.**
Breatain *2f* Britain, **an Bh.**

157

Bheag Wales.
breathnú (ar) *vn* to look (at) =
amharc ar = **féachaint ar**.
breathnaigh (ar) *v* look (at),
an mbreathnóidh sí ar? will
she watch = **an amharcfaidh
sí ar?** *U.*
an mbreathnaíonn sé ar?
does he look at? = **an
amharcann sé ar?**
Breatnach *1m* a Welsh person.
Breatnais *2f* the Welsh
language.
breithlá *irreg. m* birthday.
brí *4f.* vigour, **de bh. go**
because = **ar an ábhar go.**
bricfeasta *4m* breakfast
bríomhar *adj* lively.
brionglóid *2f* dream.
briosca *4m* biscuit, *pl* ~**í**.
bris *v* break, *vn* ~**eadh**.
briseadh *m* change.
briste *adj* broken
bríste *4m* trousers.
Briotáin *2f* **An Bh.** Brittany.
bród *1m* pride, **an mbíonn ~
orthu as?** are they proud of?
bródúil *adj.* proud.
bróg *2f* shoe, *np* ~**a**.
brón *1m* sorrow, **gan ~ a
bheith uirthi** not to worry.
bronn *v* present,
bhronnfainn I would present.
bronntanas *1m* present.
brú *m* pressure, **faoi bh.** under
pressure, ~ **an tsaoil** the
pressures of life, ~ **tráchta**
traffic congestion, **cuirtear ~**

mór ar dhaoine people ae
pressurised.
brú *v/vn* to press, pressurise.
brúite pressed, squashed.
brúitín *4m* champ, potatoes
and scallions, spring onions.
bruitíneach *2f* measles.
bruscar *1m* rubbish, litter; *gs*
bia bruscair junk food.
buachaill *3m* boy = **gasúr
(mór).** See **aimsir**.
buail hit, ~ **le** meet; **Bhuail mé
isteach go siopa éadaigh** I
went into a clothes shop =
chuaigh mé isteach ... See
ocras.
pres. **buaileann (an clog)** the
alarm clock rings. **Buaileann
Róise ar an fhidil.** R. plays the
fiddle. = **Seinneann R. an
fhidil.** *imperf.* **ní bhuaileadh
sé** he used not to hit,
bhuaileadh sé bóthar ansin
he used to hit the road then =
d'imíodh sé. *auton.* **bhuailtí
cnag ar an doras** the door
used to be knocked. **ar bhuail
siad le chéile?** did they meet?
buailte amach *adj* tired out =
an-tuirseach = **traochta** =
spíonta.
buaine see **buan**.
buaireamh *1m* preoccupation,
worry.
bualadh to hit; ~ **le** to meet.
buan *adj* longlasting, eternal.
Ní ~ gach ní a chaitear. All
things that are used do not last

forever. *Spve* **Is buaine cliú ná saol.** Reputation outlives life.

buatais *2f* boot, *pl* ~**í.**

buí *adv* yellow.

buidéal *1m* bottle.

builbhín *4m* loaf, *pl* ~**í**

buíochas *1m* thanks.

bun bottom, **ar** ~ going on, afoot = **ar siúl.**

bunaíodh was set up < **bunaigh.**

bungaló *4m* bungalow.

bunóg *2f* bun, *np* ~**a.**

bunoscionn *adv* upside down < **bun os cionn** 'bottom above the top/head'.

bunscoil *2f* primary school, *pl* ~**eanna.**

buntáiste *4m* advantage, *pl* -**tí.**

bunurlár *1m* ground floor.

bunúsach *adj* basic, fundamental.

bus *4m* bus, *pl* ~**anna.**

cá *adv* where? **cá bhfuil?** where is/are?

cá háit? where?

cabáiste *4m* cabbage = **cál.**

Cabhán *1m* **an C.** Cavan; **Contae an Chabháin** Co. Cavan.

cabhsa *4m* a path = **casán** *U.*

cad *adv* what, **cad é?** what?

cad é mar atá tú? how are you? *U*, see **conas.**

cad chuige? why *U* = **cén fáth?**

caidhp *2f* cap, see **oighear.**

caife *4m* coffee.

caighdeán *1m* standard.

cáil *2f* renown = **cliú.**

caill *v* lose, miss, see **coinne.** **Níl** ~ **orm** I am ok.

chaill lost, **cailleadh** was lost.

cailleann loses

chaillinn I used to lose

caillte *adj* lost. **Bíonn cead cainte ag fear chaillte na himeartha.** The beaten man (who loses the game) should have his say.

caint *2f* talk = **comhrá.** See **ábhar.**

cainteach *adj* talkative.

cainteoir *3m* speaker.

cairde *pl* of **cara** friend.

cairdiúil *adj* friendly = **lách**; **níos cairdiúla** more friendly.

cairéid *pl* of **cairéad** carrot.

cáis *2f* cheese.

Cáisc *3f* Easter.

caisleán *1m* castle, *gs&npl* – **áin.** See **tóg.**

caite *adj* worn, spent, **an tseachtain seo** ~ last week = **an ts. seo a chuaigh thart** *U.*

caiteachas *1m* expenditure.

caitear is spent *pres. auton.* of **caith**, see **buan.**

caith *v* spend, throw, wear *pres.* **caithim, caitheann,** *rel* **an beathach a chaitheas thú** the horse which throws you. *fut* **caithfidh, An gcaithfidh Treasa éirí luath?** Does T. have to get up early? **Cad é a chaithfeas sé a dhéanamh Dé**

hAoine? What will he have to do on Friday?

fut auton. **caithfear sin a cheiliúradh** that will have to be celebrated.

Caithfear pingin mhaith airgid ar an teach. A lot of money will be spent on the house.

condit. **chaithfeadh, an gcaithfeá?** would you spend?

auton. **chaithfí airgead dá bhfaighfí** é money would be spent if it could be got. **Ní chaithfí an t-airgead uilig ar an bhéile** The money would not all be spent on the meal.

caitheamh *vn* to spend, *pl* **caithimh aimsire** pastimes.

cál *1m* cabbage *U* = **cabáiste.**

callánach *adj* noisy.

cam *adj* crooked.

campáil to camp, *gs* **suíomh campála** camp site.

can *v* say = **abair.** ~ **beagán** say little.

caoga fifty = **leithchéad.**

caoi *4f* **Cén ch. a bhfuil tú?** How are you? *C,* see **conas.**

caomhnaigh *v* preserve, *vn* **caomhnú** *1 pl impve,* **caomhnaímis** let us preserve, *condit.* **chaomhnódh** would preserve.

cár *past of* **cá** where? **cár chaith Nóra a laethanta saoire?** Where did N. spend her holidays? = **cá hait ar**

chaith …?

cara *5f* friend, *gs* **carad,** *pl* **cairde.**

carad *gs* **teach mo ch.** my friend's house.

cárb where, ~ **as thú?** where are your from *U* = **cad as duit?**

carbhat *4m* tie.

carnadh was piled up, amassed.

carr *1m* car, *pl* ~**anna.**

carráiste *4m* a carriage.

cárta *4m* card, *pl* ~ **í.** See **íoc.**

cás *1m* case, *pl* **a gcuid** ~**anna** their cases; **cuir i g~** suppose; **do ch.** your plight.

cascairt *3f* a thaw.

casóg *2f* jacket.

castar *pres auton* **cas.** ~ **na daoine ar a chéile** people meet; **ní ch.** do not meet.

cat *1m* cat.

catach *adj* curly.

cath *3m* battle, conflict. See **iomad.**

cathain *adv* when? = **cá huair** *U.*

cathair *5f* city.

cathaoir *5f* chair, *pl* ~**eacha.**

cathrach *gs* of **cathair** city, *gs* **ar imeall na cathrach** on the edge of the city; *pl* **cathracha.**

cathracha cities < **cathair.**

cé? who? **Cé leis an seomra leapa?** Who owns the bedroom? Past **cér.**

cé go/gur although: **cé go**

raibh muid inár gcónaí sa teach although we were living in the house = **bíodh go ...**

cé *4f* quay.

cé acu? which of them?

ceachtar *pron* **le ~ acu** with any/either of them.

cead permission. **ní raibh ~ agam** I was not allowed; **Ar tugadh ~ dó imeacht?** Was he allowed to leave? **~ cainte** permission to speak, see **caill**.

céad *1m* one hundred; a century = **aois**.

Céadaoin *2f* Wednesday.

ceadúnas *1m* **tiomána** driving licence.

ceamara *4m* camera.

Ceanada *4m* Canada.

Ceanadach *1m* a Canadian.

ceann *1m* head *gs* **tinneas cinn** headache; (pronominal) one, *pl* **na cinn mhaithe** the good ones, **na cinn ab fhearr** the best ones, **trí cinn** three, **ocht gcinn** eight; **i gceann dhá bhliain eile** within two more years. **Bhain an t-eitleán ~ scríbe amach.** The aeroplane reached its destination.

céanna *adj* same.

ceannacht *vn* to buy *U* = **ceannach** *Std*.

ceannaím I buy < **ceannaigh**.

ceannaímid we buy.

ceannaíodh was bought.

ceannaíonn buys.

ceannaítear is/are bought.

ceannófar will be bought.

ceannóidh will buy.

cheannóinn I would buy, **an gceannófá?** would you buy?

cheannófaí would be bought

cheannaíodh used to buy.

ceantar *1m* district, area, *pl* **–tair**.

ceapairí sandwiches < **ceapaire** *4m*.

cearc *2f* hen; **Is trom ~ i bhfad.** A hen (.i.e. anything) is heavy (if carried) far.

cearr *adj* **cad é atá cearr le?** what is wrong with?

ceart *adj* right = **cóir**; **beidh tú i g~** you will be alright; **ar ch. bia bruscair a bheith ar fáil?** should junk food be available? = **ar chóir...?**

ceartaigh *v* correct, **An gceartaíodh an múinteoir na haistí?** Did the teacher used to correct the essays?

ceathair *num* four.

ceathanna showers < **cith**.

Ceatharlach *pn* Carlow

ceathrar four (people).

ceathrú a quarter.

ceiliúradh *m* a celebration, to celebrate.

Ceilteach *adj* Celtic.

céim *2f* a degree. **Cá háit a mbainfidh sé an chéim amach?** Where will he get the degree?

Ceimic *2f* Chemistry, *gs* **rang ~e**.

ceird *2f* craft.

ceist *2f* question, **bhíodh cuid mhór ama i g~** it used to take a lot of time.

ceistigh *v* question, **ní cheistítear** is not questioned; **an gceistítear an caiteachas seo?** is this expenditure questioned?

ceithre *num* four.

cén? which? what?

ceo *4m* mist.

ceol *1m* music, *gs* **ag seinm ceoil** playing music; *vn* to sing; **mo ch. thú!** Bravo!

ceolann sings.

ceoltóir *3m* musician, singer, *pl.* **~í.**

cér *in phr* **Cér leis é?** Who owned it?

cérbh (é)? who was (he)?

ch = c-

chéad *num* first.

chéaduair *adv* **an ~** initially = **ar dtús = i dtús báire.**

chéile *in phrase* **le ch.** together. See **cur, neart.**

chóir a bheith almost = **beagnach.**

chomh *Std* = **comh** *U.*

chonaic saw.

chonacthas was seen.

chuaigh went < **téigh.**

chuala heard < **cluin/clois.**

chualathas was heard < **cluin/clois.**

chuathas *past auton.* of **téigh** **go**

chugainn *prp* towards us <

chuig, *in phr* **seo ch.** next.

chuig *prp* towards.

chuige *prp* towards him, see also **cad (chuige?).**

chun *prp* towards + *gen.*; **chun sin a leigheas** to cure that.

ciall *2f* sense.

ciallaíonn sin that means = **is ionann sin agus a rá = fágann sin gur...**

ciallmhar *adj* sensible, *cpve* **ciallmhaire.**

ciaróg *2f* beetle, *prov.* **aithníonn ~ ~ eile** it takes one to know one.

Ciarraí *pn* Kerry.

Cill Chainnigh *pn* Kilkenny.

Cill Mhantáin *pn* Wicklow.

cine *4m* race, tribe; **an ~ daonna** the human race, mankind.

cineál *1m* kind, sort = **sórt = saghas.**

cineálta *adj* kind = **fial, flaithiúil.**

cinn see **ceann.**

cinnte surely, certainly.

cionn *in phr* **os ~** above (+ gen.), **thar ~** (+ gen.) on behalf of, **go cionn** see **bunoscionn, píosa.**

cíos *3m* rent, **ar ~** rented.

ciseal *1m* **ozóin** the ozone layer.

cispheil *2f* netball.

císte *4m* cake = **cáca milis.**

cistin *2f* kitchen.

citeal *1m* kettle.

cithfholcadán *1m* shower.

ciúin *adj* quiet = **suaimhneach**.

ciúnas *1m* quiet = **suaimhneas**.

claí *4m* ditch, sideline.

clann *2f* family, children; ~ **Uí Dhochartaigh** The Ó Dochartaigh (O'Doherty) family.

Clár *pn* Clare, *gs* **Contae an Chláir** Co. Clare.

clár *1m* programme, *pl* ~**acha**, ~ **ama** timetable, ~ **oideachais** educational programme.

clasaiceach *adj* classical.

clé *adj* left.

cleachtadh practice, *vn*. ~ **drámaíochta** drama rehearsal.

cliabhán *1m* cradle. **Tá sí aige ón ch.** He speaks it (Irish) from the cradle = **Is cainteoir dúchais é**.

cliú *4m* reputation, fame = **cáil**. **cliú agus cáil** fame and reputation. **clú** *Std*.

cloch *2f* stone, *gs* **cloiche**, *npl* ~**a**, *gp* **ag cur na g~ in áit** putting the stones in place.

clog *1m* clock, bell; *gs* **uair an chloig** an hour.

cloigeann *2f* head, skull; **ar choinnigh sí cuimhne ina ~?** did she remember?

cloí *vn* to exhaust, **do mo ch.** exhausting me; *m* ~ **na n–acmhainní nádúrtha** the exhaustion of natural materials.

clois- *var* of **cluin-** hear, **an gcloisfidh sí?** will she hear = **an gcluinfidh sí?** *U*.

cluas *2f* ear, **An gcuireadh sí cluas le héisteacht uirthi féin?** Was she attentive? = **An éisteadh sí go cúramach?**

club club, *pl* ~**anna**

clúdach *1m* envelope

cluiche *4m* game, *pl* **cluichí**

cluin hear = **clois**, **cluinim** I hear *U* = **cloisim**, **cluintear** is/are heard, **má chluineann tú** if you hear,

chluinfeadh would hear

chluinfí would be heard

chluininn I used to hear = **chloisinn**.

vn **cluinstean** *U* = **cloisteáil**.

cnag *1m* knock.

cneasaigh *v* heal (as cut).

cnoc *1m* hill, *npl* **na cnoic** the hills – see **adharc**; *gpl* **ar bharr na g~** on top of the hills. **Cnoc na nDealg** Thornhill (Derry).

cócaire *4m* cook.

cócaireacht cooking.

cócaireán *1m* cooker.

codail *v* sleep, *vn* **codladh**.

cófra *4m* cupboard.

coicís *2f* fortnight.

coimheádaim I watch = **amharcaim ar** = **breathnaím ar** = **féachaim ar**.

coimisiún *1m* commission.

coinne *4f* appointment ~ **dochtúra** a doctor's

163

appointment, **Ná caill an ch. seo** Don't miss this appointment. *Cpd prp* **fá ch.** for; **os c.** opposite = **os comhair** (+ gen.), **os ~ a chéile** opposite each other.

coinneal *2f* candle, *gpl* **Lá na gCoinneal** Candlemas, 2nd Feb.

coinnigh *v* keep, *vn* **coinneáil**, see **cuimhne. An dtig linn coinneáil orainn?** Can we continue?

coinníodh was/were kept **coinníonn** keeps, **ní ch. an soitheach** the vessel only holds; *auton* **Cad chuige a gcoinnítear rudaí mar bhainne agus im i gcuisneoir?** Why are things like milk and butter kept in a fridge?

choinneofaí would be kept.

cóip *2f* copy.

cóipleabhar *1m* exercise book.

cóir *adj* proper; **ba ch.** should = **ba cheart** (*lit.* it would be right, proper).

cóirigh *v* fix (= **deisigh**), arrange; **go gcóirí tú** until you tidy (*pres subj 2 sg*), *vn* **cóiriú.**

coirm *2f* **cheoil** concert, *pl* **~eacha.**

coirneál *1m* corner.

cois *in phr* beside.

coisbheart *1m* footwear.

cóisir *2f* party.

col ceathrair cousin.

coláiste *4m* college.

comh as, like *U* = **chomh** *Std.*

comhair *in phr* **os c.** opposite = **os coinne** (+ gen.).

comhairle *4f* advice.

comharsanach *1m* neighbour, *U*, *npl* **–naigh.**

comhghleacaí *4m* colleague = **comhoibrí.**

comhlacht *3m* company = **gnó.**

comhrá *4m* conversation = **caint.**

compordach *adj* comfortable.

cónaí *vn* of **cónaigh** live, dwell; **i gc.** always = **i dtólamh** = **an t-am ar fad.**

conas *adv* **~ atá D?** How is D? *M* = **Cad é mar atá D?** *U* = **Cén chaoi a bhfuil D?** *C.*

cóngarach (do) *adj* close to = **in aice (le).**

Connacht *pn* Connaught.

Connachtach *1m* a native of Connaught.

conradh *3m* league, **~ na Gaeilge** The Gaelic League.

contae *4m* county, *pl* **~tha.**

contúirt *2f* danger = **baol.**

cor *1m* twist, see **lúb;** *in phr* **ar ch. ar bith** at all *U* = **in aon ch.**

córas *1m* system, **~ teasa** heating system.

Corcaigh *pn* Cork, *gs* **Corcaí.**

corcra *adj* purple.

Corpoideachas *1m* Physical Education < **corp** 'body' +

oideachas 'education'.

corraigh *v* move.

corroíche *4f* the odd night.

corruair *2f* the odd time = **anois agus arís**

cos *2f* foot.

cosain *v* cost, defend, *vn* **le iad a chosaint** to safeguard them.

cosán *1m* path, *gs* **–áin** = **cabhsa**. *Pron.* **casán** *U.*

cosc *1m* ban, **ba cheart ~ a chur air** it should be banned.

costas *1m* cost = **praghas** = **luach**.

costasach *adj* costly = **daor**; **an cóta is costasaí** the dearest coat = **an cóta is daoire**.

cosúil (le) *adj* similar (to); **is ~ go/gur** it appears that; **ní ~** not similar.

cóta *4m* coat.

cothrom *adj* level, even, fair.

cothú *vn* encourage, nourish, see **síocháin**.

crá *vn* **do mo ch.** annoying. vexing me = **ag cur isteach orm**; **~ croí** major annoyance.

craic *2f* crack, fun = **spórt (agus spraoi)**.

craiceann *1m* skin.

crann *1m* tree, *gs/np* **crainn**.

crannchur *1m* ballot, lottery.

Creagacha Dubha, Na *pn* Blackrock, Co. Louth.

creid *v* believe, **creideadh** was believed, **creidim** I believe, **an gcreideann sí?** does she believe? **chreidtí** used to be

believed **An gcreidtí go mbeannaíodh Bríd an t-éadach a d'fhágtaí amuigh thar oíche?** Did it used to be believed that St Brigid blessed the cloth that used to be left out overnight?

creidmheas *3m* credit, *gs* **cárta ~a** credit card.

crích see **críoch**.

críoch *2f* end, **seo a chur i gcrích** to achieve this (**crích** *inflected dat. sg.* of **críoch**).

críochnaigh *v* finish = **deireadh a chur le**, **críochnaím** I finish, **críochnaíonn** finishes, **ní chríochnófar** will not be finished.

críochnú *vn* **le ~ roimh am baile** to be finished before hometime.

Críostaí *adj* Christian, see **Teagasc**.

crios *3m* belt.

cró *4m* shed.

croch *v* hang, **chrochtaí** used to be hung.

croiméal *1m* moustache.

crom *v* bend. **Cromfaidh sí ar an obair** She will begin work (in earnest).

crosóg cross, *pl* **~a**.

crothnaigh *v* miss *U* = **cronaigh** *Std.* **Ní chrothnaítear an tobar** the well is not missed.

crua *adj* hard.

165

cruinniú *m* meeting, *vn* to gather, collect *U* = **bailiú**.

cruth *3m* shape.

cruthú *vn* to shape, prove; **tuilleadh post a ch.** to create more jobs.

cuairt *3f* visit. **Cén tír ar thug Críostóir ~ uirthi?** What country did C. visit?

cuairteoir *3m* visitor.

cuartaigh *v* look for, search *U* = **cuardaigh** *Std.*

cúcamar *1m* cucumber

cuid *5f* part, share, **~ mhór** a lot (+ gen.) = **a lán** = **mórán**.

cuideachta *4f* company = **comhluadar**; **ina ~** along with her = **léi**.

cuidigh *v* help; *vn* **ag cuidiú leis** helping him = **ag cúnamh leis**.

chuideoinn I would help.

chuidse *emphatic* < **cuid**.

cuidiú *vn* to help, *m* help, see **Dia. Is beag an rud nach ~ é.** Every little helps.

cúig *num* five.

Cúige Province *pl* **Cúigí**.

cúigear *num* five people.

cúigiú *num* fifth.

cuimhin *in phr* **is ~ le** remembers; **an ~ le S?** Does S. remember?

cuimhne *4f* memory, **sa dóigh is go gcoinneoin ~ ar na dátaí sin** so that I would remember those dates. See **cloigeann, dóigh.**

cuir *v* put, *vn* **cur; chuir se cúpla lá** it rained a few days. **Níor chuir sin isteach orm.** That did not annoy me. **Cuir scairt orm.** Call me. See **cluas. an gcuireann sé téacsanna?** does he send texts? **cuireann** puts, **cuirim** I put **cuirtear** is put, **cuirfidh** will put, **cuirfear** will be put, **chuirfeadh** would put, **chuirfí** would be put, **chuireadh** used to put, **chuirtí** used to be put; *pres subj* **muna gcuire tú san earrach** if you do not sow in spring.

cuireadh *m* invitation. **~ chuig dinnéar** a dinner invite.

cúirt *2f* court, **cara sa ch.** a friend at court.

cuisneoir *3m* fridge, *pl* **~í**.

cúl *1m* back, **ar ch.** behind + *gen.*

cúlra *4m* background.

cuma *4f* appearance, **is ~ le** does not mind, **an ~ leo?** do they not care about? **Tá an ch. air gur thaitin.** It appears she did (like the Gaeltacht) = **Is cosúil gur thaitin.**

cúpla couple, *4m* twins ; **~ bliain** a few years.

cumann *1m* society, club.

cumasach *adj* capable = **ábalta.**

cumhdaigh *v* cover, protect; **deirtí go gcumhdaíodh Brat Bríde na daoine sin ar feadh**

na bliana it used to be said that St Brigid's Mantle used to protect those people for the whole year.

cuntasóir *3m* accountant.

cupa *4m* cup *U* = **cupán** *Std.*

cur *vn* to put, to rain < **cuir**. **Tá poll á chur ann.** It is being punctured.

ag cur faoi living = **ina chónaí**; **go ~ le chéile** until unity, see **neart**.

cúr *1m* froth, foam.

cúramach *adj* careful.

cúrsa *4m* course, *pl* ~**í polaitíochta** political matters, politics.

custaiméir *3m* customer, *pl* ~**í.**

d' see vowel, or *f-*

dá if (+ *condit./imperf.*); **dá mba mhaith leis** if he wanted.

dabht *4m* doubt = **amhras.**

dadaidh *f* nothing *U* = **tada** *Std* = **faic.**

daichead *num* forty.

dáinséar danger = **contúirt** = **baol.**

dalta *4m* pupil = **scoláire.**

damáiste *adj* damage = **dochar.**

dánlann *2f* gallery, *pl* ~**a.**

daoibh for/to you *pl* < **do.**

daoine people, *sg* **duine.**

daonna *adj* human. See **cine.**

daonra *4m* population = **líon daoine.**

daor *adj* dear, **is daoire** dearest, **níos daoire** dearer

dara *num* second.

darb ainm Síle called Síle.

dáta *4m* date, *pl* ~**í**

dath *3m* colour.

de *prp* of, off (**díom, díot, de, di, dínn, díbh, díobh**).

Dé *gs* of **Dia** God.

dea- *prefix* good.

deacair *adj* difficult = **doiligh** *U*; **Is ~ an rogha is fearr a dhéanamh** it is difficult to make the best choice.

deacracht *3f* difficulty, *pl* ~**aí** = **fadhbanna.**

dea-scéalta *pl* good stories = **scéalta maithe** = **tuairisc mhaith.**

Deadaí Daddy *var* **Daidí**

déag in numbers 11-19, **aon ~** 11 etc.

déagóir *3m* teenager.

dealbhú *vn* to sculpt.

déan *v* do, make.

rinne did, **ní dhearna** did not do;

An ndearnadh cat den tseanbhean? Was the old woman turned into a cat?

déanaim I do/make

déanann does, makes

déanaimis let us make/do

déantar let be done

déanfaidh will do/make

déanfar will be done – see also **dearmad.**

dhéanfainn I would do/make

dhéanfaí would be done/made

dhéantaí used to be done/made *vn* **déanamh**, *vadj* **déanta**.

dearcadh *vn* to look =**amharc**.

Déardaoin *4f* Thursday.

déarfadh would say < **abair**.

déarfaí would be said < **abair**.

déarfainn I would say < **abair**.

dearg *adj* red, *pl* ~**a**.

dearmad *1m* **rinne mé** ~ I forgot; **Sa dóigh is nach ndéanfar dearmad ar a breithlá féin.** So that her own birthday will not be forgotten.

dearn- see **déan**.

deartháir *5m* brother, *pl* ~**eacha**.

deas *adj* nice, *pl* ~**a**, **is deise** nicest.

deas *adj* right, **ar thaobh na láimhe deise** on the righthand side.

deasc *2f* desk.

deataithe *adj* smoked.

dea-uair *in* phrase **ar an** ~ fortunately.

deich *num* ten.

deichiú *num* tenth.

deichniúr ten people.

déideadh *1m* toothache *U* = **tinneas fiacaile**.

deifir *2f* haste, hurry = **deifre** *U* = **driopás**.

deifre *4f* hurry *U*, **faoi dh.** in a hurry.

deir says < **abair**.

deireadh *1m* end; **an oíche**

faoi dh. the other night; **sa** ~ finally.

deireadh used to say < **abair**.

deireanach *adj* last.

deirfiúr *5f* sister, *pl* ~**acha**.

deirim I say < **abair**.

deirinn I used to say < **abair**.

deirtear is said < **abair**.

deirtí used to be said < **abair**.

deis chance = **seans** = **faill**.

deisceart *1m* south.

deise see **deas**.

deisiú *vn* to fix = **cóiriú** *U*; **cé a bhí á dheisiú?** who was fixing it?

den of the *sg* < **de** + **an**.

deo *in phr* **go** ~ forever = **go brath**.

deoch *2f* drink.

d'fh- see **f-**

dh- see **d-**

dhá *num* two + noun.

dheachaigh, ní ~ did not go < **téigh**.

dhearna, ní ~ did not do < **déan**.

dhul *U* = **dul** to go.

Dia *irreg.m* God, *gs* **le cuidiú Dé** with the help of God.

di of her < **de**.

diaidh *cpd prep* **i nd.** after (+ gen.).

dialann *2f* diary.

dian *adj* hard = **crua**.

dícheall *1m* utmost, **déanann siad a n**~ they do their best.

difriúil *adj* different = **éagsúil**; *pl* **barúlacha difriúla** different

opinions = **tuairimí éagsúla**.
dímhúinte *adj* see **díomúinte**.
dinnéar *1m* dinner.
díobh of them < **de**.
díobháil *in phr* **Cad é a bhí de dhíobháil ar a deirfiúr?** What did her sister need? = **Cad é a bhí de dhíth ar a deirfiúr?** = **Cad é a bhí ag teastáil óna deirfiúr?**
díol *v* sell,
díoladh was sold
díolfar will be sold
díolta sold
dhíolfaí would be sold.
díom off me < **de**.
díomsa off me *emphatic* < **de**.
díomúinte *adj* unmannerly = **gan múineadh = gan béasaí = garbh**.
díon *1m* roof, shelter, see **teasdíon**.
díreach *adj* straight, **go ~** just, indeed. Used as 'just after': **Bhí mé go ~ i ndiaidh brionglóid uafásach a dhéanamh.** I had just had the most dreadful dream.
dírigh *v* direct; **an ndíreoidh sí a haird ar na scrúduithe?** will she direct her attention to the examinations?
díth *2f* want, need, **tá X de dhíth ar Y** Y needs X = **tá X ag teastáil ó Y**.
dlíodóir *3m* lawyer.
dlúthdhiosca *4m* cd, *pl* ~í.
do *prp* for, to.

dó for him/it *m* < **do**.
dócha *in phr* **is d.** it is likely.
dochar *1m* harm.
dóchas *1m* hope.
dóchasach *adj* hopeful, optimistic; **táthar ~** one is hopeful.
dochtúir *3m* doctor, *pl* ~í. See **coinne**.
dófaidh will burn, scald < **dóigh**.
dóibh for/to them < **do**.
dóigh *2f* way, **ar ~** excellent; **sa dóigh is** so that, see **cuimhne**; **ar n~** of course. **sa ~ is** so that: **sa ~ is go gcoinneodh sí cuimhne ar** so that she would remember.
doiligh *adj* difficult = **deacair**.
Doire *pn* Derry.
doirn *gs* of **dorn**.
doirse *pl* of **doras** door.
doirt *v* spill.
doirteal *1m* sink.
domh for/to me *U* = **dom** *Std* < **do**.
domhain *adj* deep.
domhan *1m* world.
Domhnach *1m* Sunday, *gs* **Dé Domhnaigh** on Sunday.
domhsa for/to me *emphatic*.
don for/to the *sg* < **do + an**.
dona *adj* bad, **go ~** badly.
donas *1m* **chun donais** worse.
donn *adj* brown, *pl* ~a.
doras *1m* door.
dorchadas *1m* darkness.
dorn *1m* fist, *gs* **lán doirn** a

fistful.

dráma *4m* play, *pl* ~í.

drámaíocht *3f* drama, *gs* **cleachtadh ~a** a rehearsal.

dream crowd, people, *pl* **~anna**.

dréim *in phr* **ag ~ le** looking forward to = **ag súil le** = **ag dúil le** *U*.

droch- *prefix* bad.

drochbhail air in poor state of repair.

drochlá a bad day.

drochuair, ar an ~ unfortunately.

droim *3m* back.

dt- *see* **t-**

dtí *in phr* **go dtí** until.

dubh *adj* black, *pl* ~ **a**.

dúchas *in phr* **cainteoir dúchais** a native speaker, see **cliabhán**.

dúghorm navy blue < **dubh + gorm**.

dúil *2f* likeness for ~ **ag i**; ~ **bhocht** an extreme likeness.

duine *4m* person, *pl* **daoine**.

dúinn for/to us < **do**.

dúirt said < **abair**.

dúisigh *v* wake up = **múscail** *U*.

duit to/for you < **do**.

dul to go (*U* **dhul** to go, yet **ag dul** going).

Dún *pn* An D. Down, *gs* **Contae an Dúin** Co. Down.

Dún Dealgan *pn* Dundalk, Co. Louth.

dúradh was said = **húradh** *U*,

C < **abair**.

é *pronoun* he, it *m*.

éadach *1m* cloth, **mo/a chuid éadaigh** my/his clothes, *pl* **éadaí**.

éadrom *adj* light.

eagar *1m* **in ord agus in eagar** perfectly in order and organised, ~ **a chur ar** to organise, edit. See **eagraigh**.

eagla *4f* fear; **Bhí ~ uirthi roimh eitilt.** She was afraid of flying; **ar ~ na h~** just in case.

eaglais *2f* church, *pl* ~í.

éagsúil *adj* different, various = **difriúil**, *pl* –**súla**.

eagraigh *v* organise, **d'eagróinn** I would organise, **cad é a d'eagrófá?** what would you organise? See **eagar**.

ealaín *3f* art.

éalaigh *v* escape, **d'éalaíodh sé** he used to escape = **theicheadh sé** = **d'imíodh sé**.

éalú *vn* to escape, emergency exit.

Eanáir *4f* January.

earrach *1m* spring, *gs* **earraigh**.

earraí *pl* goods.

eatarthu *prp* between them < **idir**.

éifeachtach *adj* effective, *pl* ~**a**, *cpve* **éifeachtaí**.

éigean *in phr* **b'~ do** had to: **arbh ~ di an fhéilire a cheannacht?** had she to buy

170

the calendar = **an raibh uirthi an fhéilire a cheannacht?**
éigin some = **inteacht** *U*.
eile *pron* other.
Éire *5f* Ireland, *dat*. **in Éirinn/go hÉirinn** in/to Ireland; *gs* **contaethe na hÉireann** the counties of Ireland.
Éireannach *1m* an Irish person.
éirí *vn* to get up.
éirigh *v* get up, **éirím** I get up, **éiríonn** gets up, **éireoidh** will get up **d'éireoinn** I would get up. **éirí as** = retire, give up, **d'éirigh sí as a post** she retired, resigned; **éirí do** happen, **Cad é a d'éirigh dá bhean chéile?** What happened to his wife? **~ le** manage, **Ar éirigh leis a chara Séamas a fheiceáil?** Did he manage to see his friend S.? = **An ndeachaigh aige a chara S a fheiceáil?**
éis *in phr* **tar éis** after = **i ndiaidh** *U*.
eisean *prn* him *emphatic*.
éist (le) *v* listen (to), **~ morán** listen a lot;
éistim I listen, **éisteann** listens **d'éistfeadh** would listen **d'éistfí (le)** would be listened to
d'éistinn I used to listen **d'éisteadh** used to listen *vn* **éisteacht**, see **cluas**.

eitilt *2f* a flight, *vn* to fly
eitleán *1m* aeroplane, *gs/np* **eitleáin**.
eolach (ar) *adj* knowledgeable (about), *cpve/spve* **eolaí**
Eolaíocht *3f* Science.
eolas *1m* knowledge, *gs* **eolais**.
Eoraip *3f* **An ~** Europe, *gs* **Mór-roinn na hEorpa** Mainland Europe.
euro *4m* euro, *pl* **~nna**
fá *prp* about *U* = **faoi** *Std* = **mar gheall ar**.
facs *4m* fax.
fad *1m* length, **i bh~** long, **cá fhad?** how long? **a fhad leis an oifig** to/as far as the office. **an oíche ar ~** the whole night.
fadhb *2f* problem, *pl* **~anna**.
fada *adj* long.
fadálach *adj* slow = **mall**.
fadtéarmach *adj* longterm.
fadú *vn* to lengthen.
fág *v* leave.
d'fhág left, **fágadh** was/were left
fágaim I leave, **fágann** leaves
fágtar is/are left, **an bhfágtar na bréagáin ar leataobh?** are the toys left aside?
fágfaidh will leave
d'fhágadh used to leave
d'fhágtaí used to be left; **An bhfágtaí an luachair?** Did the rushes used to be left?
fágáil *vn* to leave.
fágtha *adj* left.
faic *2f* nothing = **rud ar bith** =

aon ní = **tada** (**dadaidh** *U).*
faiche *4f* lawn, green.
faigh *v* get, **fuair** got
faigheann gets, **faighim** I get
an bhfaighidh sí? will she get,
gheobhaidh will get
an bhfaigheadh gach duine?
would everyone get?
gheobhadh would get.
fáil *vn* to get.
faill *4f* chance = **seans** = **deis**.
faiteach *adj* shy = **cúthail**.
fál *1m* hedge, **Ní ~ go haer é.**
It is not an insurmountable
problem (*lit* not a hedge to the
sky).
falsa *adj* lazy = **leisciúil**.
falsóir *3m* lazy person = **duine
falsa**.
fán about the *U* = **mar gheall
ar an** = **faoin**.
fan *v* wait, **d'fhan** waited
fanann waits
fanfaidh will wait
fanfar (le) will be waited (for)
d'fhanfainn I would wait
d'fhanadh used to wait
d'fhantaí (le) used to be
waited (for)
vn **fanacht**.
fána about his/her/its/their < **fá**
+ **a**.
faoi *prp* under (**fúm, fút, faoi,
fúithi, fúinn, fúibh, fúthu**).
faoin under the < **faoi + an**.
faoiseamh *1m* relief, **an
mbíonn ~ uirthi?** is she
relieved?

faraor alas, unfortunately = **ar
an drochuair** = **monuar**.
farraige *4f* sea.
fás *v/vn* to grow, **d'fhás** grew
d'fhásfadh would grow.
fáth *3m* reason, **cén ~?** why? =
cad chuige? *U* = **Cad ina
thaobh** *M.*
feabhas *1m* excellence, **ar fh.**
excellent = **ar dóigh** = **iontach
maith** = **an-mhaith (ar fad)**.
Feabhra *4f* February = **Na
Faoilligh** *U.*
féach *v* **d'fhéachfadh** would
try to (also look, *M, C*).
feachtas *1m* campaign.
féad *v* **An bhféadfaí carr
úrnua a thabhairt ar charr
athláimhe?** Could a second
hand car be called a brand new
car? **d'fhéadfaí dhul go
bialann** one could go to a
restaurant. See **féadtar.**
feadh *in phr* **ar ~** for (duration
of time + *gen.*) see **mí.**
féadtar a rá one may/can say,
see **féad.**
fear *1m* man, *gs/np* **fir**, *gpl* ~.
féar *1m* grass, *gs* **féir**.
fearg *2f* anger.
fearr *adj* best, better < **maith**.
An fearr le S? Does S. prefer?
Cé acu ab fhearr leo? Which
would they prefer?
fearthainn *2f* rain = **báisteach**; *gs*
ag cur fearthainne raining.
feasa *gs* of **fios** knowledge;
doras ~ fiafraí asking is the

door to knowledge.

féasóg *2f* beard.

féasta *4m* feast = **béile mór.**

feic *v* see, *vn* **feiceáil** *vn* to see
U = **feiscint.**

feiceálach *adj* pretty, **an cóta is
feiceálaí** the prettiest coat = **an
cóta is deise.**

feicfidh will see < **feic.**

feicim I see < **feic.**

d'fheicfidís they would see <
feic.

feidhm *2f* use, **rudaí gan ~**
useless things; **Cuirtear clár
oideachais i bhf.** Let an
educational programme be
initiated/ launched. **straitéisí
éifeachtacha a chur i bhf.** to
implement effective strategies.

féidir *in phr* **is f. le** can = **thig
le** *U.* **b'fhéidir** maybe.

féile *4f* festival, (saint's) feast
day.

féilire *4f* calendar.

féin self.

féinseirbhís *2f* self serevice,
gs **bialann ~e** a self service
restaurant.

feirmeoir *3m* farmer.

feoil *3f* meat.

fhaca past of *feic,* **ní ~** did not
see.

fhacthas *past auton.* **ní ~ a
aghaidh** his face was not seen.

Fhéil' short form of **féile, Lá
Fhéil' Bríde** St Brigid's day (1st
February.).

fiacail 2f tooth, *pl* **fiacla.**

fiaclóir *3m* dentist.

fial *adj* generous = **cineálta** =
flaithiúil.

fiche *num* twenty.

ficheall *2f* chess.

fidil *2f* fiddle = **veidhlín.**

figiúr *1m* figure, *gs/np* **–úir.**

filíocht *3f* poetry.

fill *v* return *Std* = **pill** *U*
d'fhillfí chun an bhaile one
would return home.

fillfidh will return = **pillfidh** *U.*

fillte *adj* return (ticket) = **pillte** *U.*

fínéagar *1m* vinegar.

fíochmhar *adj* ferocious.

fíonchaortha *pl* grapes <
fíonchaor.

fionn *adj* white, fair.

fíor *adj* true. **An ~ go raibh
beagnach gach duine i dteach
Uí Bhaoill i mbun oibre?** Is it
true that nearly everyone in
O'Boyle's house was working?
Is ~. Yes.

fíorfhocal *1m* true word.

fios *3m* knowledge, **tá a fh.
agam** I know (fact), see **aithne.
cá bhf?** who knows? **go bh~
domhsa** as far as I know.

fiosrúchán *1m* enquiry,
investigation.

fírinne *4f* truth, **le f.** to tell the
truth.

Fisic *2f* **An Fh.** Physics.

fístéip *2f* video(tape), *pl*
~eanna.

fiú worthwhile, **An ~
athchúrsáil a dhéanamh?** Is it

worthwhile recycling? **~ mura bhfuil ann** even if it is only …; **daoine nach bhfuil aithne acu orthu ~** people they don't even know.

flaithiúil *adj* generous, = **fial**.

fliuch *adj* wet, *v* **Ar fliuchadh Déardaoin é?** Was he soaked on Thursday?

focal *1m* word, *gs/np* **–cail**.

fód *1m* sod, **is fada an lá ar an fh. é** it has been there a long time. **Cá huair a tháinig Conradh na Gaeilge ar an fh.?** When was the Gaelic League set up? = **Cá huair a bunaíodh é?**

fogas *adj* close, *cpve* **is foisce** is nearer.

foghlaim *v + vn* learn **d'fhoghlaim** learned **foghlaimeoidh sé** he will learn **d'fhoghlaimínn** I used to learn.

fógra *4m* poster, advert.

fógraíocht *3f* advertising.

foighid *2f* patience *U* = **foighne**.

fóill *in phr* **go ~** yet, still = **fós**.

foinse *4m* source, *pl* **–nsí**.

fóir *in phr* **thar ~** overboard.

foisce see **fogas**.

fola see **fuil**.

folach *in phr* **cur i bhf.** to hide, **Cuireadh taisce i bhf.** treasure was hidden

folamh *adj* empty, *pl* **folmha**.

folctha *adj* **seomra ~** bathroom.

folláin *adj* healthy = **sláintiúil**.

folmhaigh *v* empty, **folmhaítear na seilfeanna** the shelves are emptied.

folmhú *vn* to empty

fómhar *1m* autumn; *gs* **Meán Fómhair** September, **Deireadh Fómhair** October.

fonn *1m* mood, **an bhfuil ~ ar Róisín?** does R. want to = **ar mhaith le Róisín? Bhí ~ na hoibre orm**.

fortacht *3f* relief; **faigheann foighid ~ patience** gets its reward.

fosclaigí *U* = **osclaigí** *Std* open *ipve 2pl*.

fosta *adv* also = **freisin** = **c(h)omh maith** = **leis**.

fostaíocht *3f* employment, *gs* **~a**.

fostaithe (ag) *adj* employed (by).

Frainc *2f* France, *gs* **chun na ~e** to France.

Fraincis *2f* French language.

Francach *1m* a French person, *gs/np* **–caigh**.

freagra *4m* answer.

freastal *vn* of **freastail** attend; **ag ~ ar** attending.

freastalaí *4m* waiter.

freisin *adv* also = **fosta** *U*.

fríd *prp* through *U* = **trí** *Std*.

friochtán *1m* a fry = **ispíní, muiceoil, uibheacha, arán préataí srl**.

fuaigh *v* sew, *imperf auton*

174

d'fhuaití ar éadaí daoine é it used to be sewn on to people's clothes.

fuair got, *see* **faigh**.

fuarthas *past auton.* **~ ór agus seoda** gold and jewels were found; **Ní bhf. amach ná níor chualathas riamh cérbh é.** It was never found out or heard who he was.

fuath *in phr* **is ~ liom** I hate. detest = **is beag orm = ní maith liom**.

fud *in phr* **ar fud** throughout (+ *gen.*); **fud fad na hÉireann** the length and breadth of Ireland.

fuil *dep form of* **tá: an bhfuil?** is/are there?, see **bí**.

fuil *3f* blood, *gs* **ag cur fola** bleeding.

fuiltear *pres. auton of* **bí: an bhf. ag cur brú orainn rudaí a cheannacht?** Are we pressurised into buying too much? **an bhf. ag gearradh siar ar?** Is one cutting back on?

fuinneamh *1m* energy.

fúithi below her, it *f* < **faoi** under.

fúm below me < **faoi** under.

furast *adj* easy *U* = **furasta** *Std.*

fúthu under them < **faoi** under; **ag cur fúthu** living (they) = **ina gcónaí**.

gá *in phr* **tá ~ leis** it is needed

= **tá sé de dhíth = tá sé ag teastáil**. See **géarghá**.

gabh take, go, **~ mo leithscéal** excuse me, *2pl* **~aigí ar bhur nglúine** go on your knees.

gabháil to take; **ag ~ domh** giving out to me.

gabhar *1m* goat; *gs* **cáis ghabhair** goats cheese.

gach every = **achan** *U* = **chuile** *C*.

Gaeilge *4f* Irish language, Gaelic.

Gaelach *adj* Gaelic, *pl* **~a**; **peil Gh.** Gaelic football.

Gaeltacht *3f* Irish-speaking area, *gs* **chun na ~a** to the Gaeltacht.

Gàidhlig *f* Scottish for Scottish Gaelic = **Gaeilge na hAlban**.

Gaillimh *pn* Galway, *gs* **~e**.

gaineamh *1m* sand.

gairdín *4m* garden.

gáire *4m* laugh.

gairid *adj* short = **gearr**.

gairleog *2m* garlic, *gs* **préataí gairleoige** garlic potatoes.

galf *1m* golf, *gs* **ag imirt gailf** playing golf.

Galltacht *3f* English-speaking area.

gan without; 'not to' *in phr* + vn, e.g. **Ar chóir gan dul …?** Should one not go …?

ganntanas *1m* scarcity, lack.

gaol *1m* relative, *pl* **~ta**.

gaolmhar *adj* related.

gaoth *2f* wind.

Gaoth Dobhair *pn* Gweedore, Co. Donegal.

garach *adj* helpful, obliging = **cuidiúil**.

garáiste *4m* garage.

garda *4m* guard, **na ~í** the police.

garraíodóir *3m* gardener.

gasta *adj* quick = **tapa**.

gc *see* c-

geal *adj* bright.

geall *in phr* **is mar gheall ar** it is because of

gealltanas *1m* promise, guarantee, *pl* –**nais**.

geansaí *4m* pullover, jersey.

géar *adj* sharp, *pl* ~**a**; **de dhíth go** ~ badly needed.

géarghá (le) *4m* dire need (for) < **géar** + **gá**.

gearán *1m* complaint = **casaoid**.

Gearmáin *2f* Germany, *gs* ~**e**.

Gearmáinis *2f* German (language).

Gearmánach *1m* German (person), Germanic (*adj*) language.

gearr *v* and *adj* short, cut, **gearradh amach** to cut out, **ag gearradh siar ar** cutting back on.

gearrtar *ipve. aut.* **gearrtar amach barraíocht siúcra** let too much sugar be cut out.

gearrscéalta *1m* short stories < **gearr**+ **scéal**.

geata *4m* gate (**geafta** *U*).

geimhreadh *1m* winter, *gs* **i rith an gheimhridh** during the winter.

gh- see **g-**.

gheobhadh would get, see **faigh**.

gheobhaidh will get, see **faigh**.

gheofaí would be got, see **faigh**.

gheofar will be got, see **faigh**.

ghní does *U* = **déanann**.

ginearálta *adj* general.

giota *4m* piece = **píosa**.

giotár *1m* guitar.

glac *v* take, **ghlac** took

glacaim I take, **glacaim leis** I presume.

glacfaidh will take

ghlacfainn I would take

glacadh *vn*.

glaine see **glan**.

glan *adj* clean **níos glaine** cleaner, **an chuma is glaine** the cleanest appearance.

glan *v* clean, **ghlan** cleaned

glanann cleans

glanfaidh will clean

ghlanadh used to clean

glanadh *vn* **á ghlanadh** cleaning it.

glanmheabhair *in phr* **de gh.** off by heart.

glaoigh *v* call = **scairt** *U*. **níor ghlaoigh sí air** she did not call him. **glaodh ar na gardaí** the police were called = **cuireadh scairt ar na gardaí** =

cuireadh fios ar na gardaí.
glas *adj* green, *pl* ~**a**.
glas *1m* lock, **cuireadh faoi ghlas ansin iad** they were then locked up.
glasra *4m* vegetable *pl.* ~**í**.
gléas *1m* **ceoil** musical instrument; ~ **taistil** means of transport.
gléas *v* dress, **an ngléasann tú thú féin?** do you dress yourself?
gloine *4f* glass, *4m* U.
glúin *2f* generation, knee; *pl* **glúine** *Std*, *var pl* **glúnta** *U*.
gnách *adj* usual, customary, *in phr* **ba gh le** + *vn* used to, **ba gh. liom a bheith** I used to be *U* = **bhínn** *Std*.
gnáth *in phr* **de gh.** usually; **mar ghnáth-theanga phobail** as an everyday community language.
gnáthlá *irr.m* an ordinary day.
gníomhach *adj* active.
gnóthach *adj* busy.
goid *v* steal = **sciob** = **fuadaigh**.
goideadh was stolen.
gorm *adj* blue; *pl* ~**a**.
gortaigh v hurt, injure, **tá mo dhroim do mo ghortú** my back is hurting me; **á ghortú** hurting him; **gortaíodh go dona é** he was badly hurt.
greann *1m* fun, *gs* **acmhainn grinn** sense of humour.
greannmhar *adj* funny, *pl* ~**a**.

greim *3m* bite, ~ **gasta** snack; stitch, **sé ghreim** six stitches; grip, **beirtear ~ air** he is caught.
gréin *dat. sg.* of **grian** sun *in phr* **rinne bolg le gréin** sunbathed.
grian *2f* sun, *gs* **teas na gréine** the heat of the sun.
grianán *1m* conservatory.
grianghraf *1m* photograph.
grianmhar *adj* sunny.
grinn see **greann** and **acmhainn**.
gríscín *4m* chop (cut of meat), *pl* ~**í**.
gruaig *2f* hair, *gs* **a cuid** ~**e** her hair.
grúpa *4m* group.
gualainn *2f* shoulder, see **maol**.
gúna *4m* dress.
gur *conj* that.
gurb *conj* that, **cé ~ é** although it is.
gurbh *conj* that, ~ **eisean** that it was he.
guthán *1m* phone = **fón**, *gs* **cárta/scairteanna gutháin** phone card/calls. See **póca**.
h+vowel *see* vowel.
halla *4m* hall, *pl* ~**í**.
hata *4m* hat.
i *prp* in (**ionam, ionat, ann, inti, ionainn, ionaibh, iontu**).
í *pron* her, it *f*.
iad *pron* they, them.
Iarmhí *pn* Westmeath.
iarr (ar) *v* ask (request, *cf*,

fiafraigh (de) ask, (enquire) **d'iarr sé uirthi** he asked her **Iarrfar ar ailtire pleananna a tharraingt.** An architect will be asked to draw plans.

d'iarrfainn orthu gan a rá I would ask them not to say.

vn **iarraidh** to try, **ag iarraidh an músaem a aimsiú** trying to find the museum.

iarracht *3f* attempt, **an ndéanann sé ~?** does he try to?

iarsmalann *2f* museum, *pl* ~**a** = **músaem**.

iarthar *1m* west.

iasacht *3f* loan, **Fuair mé leabhar ar ~** I borrowed a book.

iasc *1m* fish.

iascaireacht *vn*, *3f* fishing, *gs* **slat ~a** fishing rod.

idir *prp* between; **d'idir pháistí agus thuismitheoirí** for both children and parents.

idirlíon *1m* internet.

im *2m* butter.

imeacht *vn* of **imigh**,also *3m* event, **na himeachtaí sóisialta** the social events.

imeall *1m* edge, **ar ~** (+ *gen.*) on the edge of., **ar ~ na cathrach** on the edge of the city.

imeartha *gs* of **imirt** play, see **caillte**.

imigh leave. **d'imigh** left, **imíonn** leaves, **d'imigh an**

cóta amach as a cheann. he forgot about the coat; **D'íocfaí an bille agus d'imeofaí.** The bill would be paid and one would leave; **imeoidh** will leave, **d'imíodh** used to leave.

imir *v* play (game) *vn* **imirt**.

imríonn plays

d'imrínn I used to play.

d'imríodh used to play.

an imrítí spórt? did sport used to be played?

imní *4f* worry = **buaireamh**.

imr- see **imir**.

i.n. p.m. (**iarnóin** 'after noon').

in *prp* in (before vowel). < **i**.

ina in his/its/her/their < **i** + **a**.

inár in our < **i** + **ár**.

iníon *2f* daughter, *pron.* **níon** U.

Inis Ceithleann *pn* Eniskillen.

inis *v* tell, **d'inis** told (*var* **d'ins**)

insím I tell, **insíonn** tells

d'inseoinn I would tell

d'insíodh used to tell

vn **inse** U, **insint** Std.

inné *adv* yesterday.

inniu *adv* today.

ins- see **inis**.

inse to tell U = **insint**, see **inis**.

instealladh *3m* injection.

inteacht *adj* some U, **duine i.** someone = **duine éigin** Std.

inti in her, < **i**.

intinn *2f* mind, see **amharc** *1m*.

íoc *v* pay = **díol** *U*. ~ **as** to pay for.

cárta 'íoc agus gabh' a 'pay and go' card.

d'íoc paid , **íocfaidh** will pay **d'íocfaí** would be paid.

Iodáil *2f* Italy.

Iodáilis *2f* Italian (lang.), *gs* ~**e**.

Iodálach *1m* Italian(person), *npl* **Iodálaigh**.

iógart *1m* yoghurt.

iomad *noun* ~ **na lámh a bhaineas an cath.** Strength in numbers is what wins the battle (*lit.* the number of hands).

iomaí many (*with copula*).

iománaí *4m* hurler.

iománaíocht *3f* hurling = **iomáint** *U*.

iomarca *4f* too much **an gceannaítear an ~ ag an Nollaig?** Is too much bought at Christmas? = **barraíocht** *U*.

iomlán *adj* **an teach** ~ the whole house.

iomlán *1m* ~ **na bhfadhbanna** all the problems, **san** ~ in total.

iompair *v* carry, transport, **ar iompair sí?** did she carry?

iompraíonn carries, transports, *rel* **a iompraíos** which carries.

iompar *vn* to carry; *1m* ~ **poiblí** public transport.

iomrá *4m* mention, **Ar chuala sé ~ maith ar an Fhrainc?** Did he hear good reports about France? = **trácht**.

ionad centre ~ **sláinte** health centre.

ionadh *in phr* **is ~ liom** I am surprised; **ní nach ~** hardly surprisingly (*lit.* a thing which is not a surprise).

ionam in me, see **i**.

ionann same; **is ~ sin agus a rá (gur)** = that is tantamount to saying (that) = **ciallaíonn sé sin** = **fágann sin.**

iontaofa *adj* trustworthy = **ionraice.**

iontas *1m* surpise, **chuir sin ~ orm** that surprised me.

iontu in them < **i**.

íos- *see* **ith.**

iris *2f* magazine.

is *copula* is/are.

íseal *adj* low.

ísle *4f* **in ~ brí** in low esteem.

ísliú *vn* to lower, reduce.

ispín *4m* sausage, *pl* ~**í**.

isteach *adv* in (with motion)

istigh *adv* in (with verbs of non-motion).

ite *adj* eaten < **ith.**

itear *ipve auton.* ~ **tuilleadh glasraí** more vegetables must be eaten < **ith.**

ith *v* eat, **d'ith** ate

ithim I eat, **itheann** eats

íosfaidh will eat, **íosfar** will be eaten;

d'íosfaí would be eaten.

d'itheadh used to eat., *vn* **ithe**.

Iúil *4m* July = **Mí na Súl Buí.**

iúl *in phr* **nuair a chuir a mac in ~ di** when her son indicated to her = **nuair a d'inis a mac di**.

Iúr Cinn Trá *pn* Newry.

jab *4m* job, *pl* **~anna** = **post** = **slí bheatha**.

lá *irr.m* day, *gs* **lae**, **i rith an lae** during the day, **lá i ndiaidh lae** day after day; *pl* **laethanta saoire** holidays.

labhair *v* speak

labhraím I speak = **labhraim** *U, M*.

labhraíonn speaks = **labhrann** *U, M*.

labhradh siad ar they used to speak about *U*= **labhraídís** *Std*. *vn* **labhairt**.

lacha *5f* duck.

lae see **lá**.

laethúil *adj* daily.

laftán *1m* loft *U* = **lochta** *Std, 4m*.

lag weak = **anbhann**.

laghad *in phr* **ar a ~** at least; **suim dá ~** the least bit of interest.

laghdú *m* decline, decrease = **maolú**.

Laidin *2f* Latin.

láidir *adj* strong **urrúnta**.

Laighin *pn* Leinster, **Cúige Laighean** The Province of Leinster.

Laighneach *1m* a native of Leinster.

láithreach *adj* immediately, = **~ lom** = **in áit na mbonn** = **ar an toirt**.

lámh *2f* hand, *pl* **~a**. See

athláimhe.

lámhainn *2f* glove, *pl* **~í** = **miotóga**.

lampa *4m* lamp.

lán *adj* full, *pl* **~a**; *1m* **a ~** (+ gen.) a lot = **cuid mhór** *U*; **a ~** its fill; **~ doirn** a fistful.

lán-Ghaeilge *in phr* **scoileanna ~** Irish-medium schools.

lánúin *2f* couple.

lár *1m* middle.

lárnach *adj* central.

las *v* light, *pres. auton.* **lastar soilse** lights are lit.

lasmuigh agus laistigh outdoors and indoors = **taobh amuigh is taobh istigh** *U*.

láthair *in phr* **i ~** present = **ann**.

le *prp* with (**liom, leat, leis, léi, linn, libh, leo**).

leá *vn* to melt.

leaba *irr.f* bed, *gs* **seomra leapa** bedroom.

leabhar *1m* book, *gs/npl* **leabhair**.

leabharlann *2f* library, *npl* **~a**.

leabhragán *1m* book shelf.

léadh used to read < **léigh**.

leadóg *2f* tennis.

leag *v* knock down.

leagan *1m* version.

leagfar will be knocked down < **leag**.

léamh *vn* to read.

lean *v* follow, **leanaim** I follow,

a leanas which follow, *pres rel.* = **a leanann.**
leanbh *1m* child = **páiste** *U*.
léann reads < **léigh.**
leánn melts < **leáigh.**
leanstan *U* to follow = **leanúint** *CO* < **lean**; **á ~** following him. **leantar ar aghaidh** it is continued *pres. auton.* < **lean.**
leanúint see **leanstan, lucht.**
leapa *gs* of **leaba** bed.
lear *in phr* **thar ~** overseas = **thar sáile** = **ar an choigrí(o)ch.**
léarscáil *2f* map = **mapa.**
leat with you < **le.**
leataobh *in phr* **ar ~** aside.
leath half, semi.**Tús maith ~ na hoibre.** A good start is half the battle.
leathchuid *f* **an ~ den am** half of the time = **leath an ama.**
leathscartha *adj* semidetached.
leathuair *2f* half an hour.
leatsa with you (emphatic) < **le.**
léi with her < **le.**
leibhéal *1m* level.
leictreachas *1m* electricity.
léigh *v* read; **léim** I read.
leigheas *v* cure, *vn* **~.**
leigheas *1m* medicine, cure.
léim I read < **léigh.**
léim *v* jump; **sula dtuga ~** before you leap.
léimfidh will jump.
léine *4f* shirt.

léir *in phr* **is ~ go** it is clear that; **mo chairde go ~** all my friends = **mo chairde uilig** *U*.
leis with him/it < **le.** See **cé, An le Pól na dlúthdhioscaí?** Does P. own the cds?
leisc *2f* reluctance, **tháinig ~ uirthi** she had second thoughts.
leisciúil *adj* lazy = **falsa** *U*.
leith *in phr* **dhá uair go leith** two and a half hours, **punt go leith** one pound fifty.
leithéid *2f* **a ~ de mhúinteoir** such a teacher; **a ~ de dhrocham** such a bad time.
leithreas *1m* toilet = **an teach beag** = **teach an asail**; *gs* **leithris.**
leithscéal *1m* excuse, see **gabh.**
leitís *2f* lettuce.
lena with his/its/her/their < **le + a.**
leo with them < **le.**
leon *v* sprain.
leor *in phr* **go leor** enough, **ceart go ~** alright; before noun takes gen. **go ~ ama/staidéir** enough time/study.
lia *comp* more numerous, *in phr* **ní lia duine ná barúil** everyone has their own opinion.
liamhás *1m* ham.
liath *adj* grey.
Liatroim *pn* Leitrim, *gs*

Contae Liatroma Co. Leitrim.
lig *v* let; *2 pl ipve* **~igí** let. **~ domh agus ~fidh mé duit**. Let me alone and I will let you alone.
linn with us < **le**; **más linn an domhan a chaomhnú** if we are to preserve the world.
linn *2f* **snámha** swimming pool.
linn *in phr* **le ~ an phoist** during the job = **i rith**.
líofa *adj* fluent.
liom with me < **le**.
líomóid *2f* lemon, *pl* **~í**.
liomsa with me (emphatic) < **le**.
líon *1m* **~ na gcarranna** the number of cars.
líon *v* fill, **líonann** fills, *pres auton*. **líontar na cuisneoirí** the fridges are filled
líonta full.
liosta *4m* list.
litir *5f* letter, *pl*. **litreacha**.
litríocht *3f* literature, *gs* **~a**.
Loch Garman *pn* Wexford.
locht *1m* fault, *pl* **na lochtanna atá ar** the faults associated with.
lóin see **lón**.
lóistín *4m* lodgings, **teach ~** a bed and breakfast = a lodging house.
lom *adj* bare, naked.
lomaire *4m* mower, **~ faiche** lawnmower.
lomairt *2f* fleece.

lón *1m* lunch, *gs* **am lóin** lunchtime.
Londain *pn* London.
long *2f* ship.
Longfort *pn* Longford, *gs* **–oirt**.
lorg *in phr* **ar lorg oibre** looking for work; **á lorg** looking for.
lú *adj* is **~** smallest, **níos ~** smaller < **beag**, **níos lú a ithe** to eat less.
Lú *pn* Louth.
luachair *3f* rushes.
luaigh *v* mention, **luaigh cúpla sampla** mention a few examples = **tabhair cúpla cás**; **ní luaitear an t-ainm** the name is not mentioned.
luaithe see **luath**.
luaitear see **luaigh**.
Luan *1m* Monday, *gs* **Dé Luain** on Monday.
luath early, **níos luaithe** earlier.
lúb *2f* bend, **Is iomaí ~ agus cor sa tsaol.** Life holds many twists and turns.
lúcháir *2f* joy *U* = **áthas** = **gliondar**.
luchóg *2f* mouse *U* = **luch**.
lucht *3m in phr* **~ leanúna** supporters (*lit*. followers < **leanúnint**).
luí to lie (down), **rachaidh mé a ~ luath anocht** I'll go to bed early tonight.
lúide minus, less, **~ an coimisiún** minus the

commission < **lú** (*cpve* **beag**) + **de**.

luigh *v* lie, **An luíodh sé go meán lae?** Did he used to lie in until noon?

Luimneach *pn* Limerick, *gs* **Luimní**.

Lúnasa *4m* August.

m' < **mo** my (before vowel, or **f-**).

má if, see **más**.

mac *1m* son.

madadh *1m* dog *U* = **madra** = **gadhar** = **cú**. ~ **rua** fox = **sionnach**.

maide *4m* oar, **Cá huair a ligfidh sé a mhaidí le sruth?** When will he relax (*lit.* let his oars go with the current)? = **Cá huair a ghlacfas sé rudaí go réidh?**

maidin *2f* morning, *gs* **maidine** (*var* **maidne**). See **béal**.

mair *v* live, **mhair** lived/lasted **maireann** lives. lasts, *rel* **a mhaireas na daoine** that people survive, **mairfidh** will live/survive. **Cá háit a maireann an Ghaeilge?** Where does Irish survive?

maireachtáil *vn* to live, *gs* **caighdeán maith maireachtála** a good standard of living.

Máirt *4f* Tuesday, **Dé ~ On Tuesday**.

maisiúchán *1m* decoration, *npl*

–cháin na Nollag Christmas decorations.

máistreas *3f* mistress.

maith *adj* good, *pl* **maithe**; *spve/cpve* **fearr**.

mála *4m* bag, *pl* **~í**.

mall *adj* late = **déanach**, slow = **fadálach**.

mallaibh *in phr* **ar na ~** recently = **le gairid** = **le deireanas**.

Mamaí *4f* Mammy.

Manainnis *2f* Manx (language = **Gaelg**).

maol *adj* bald, **is ~ gualainn** it is a bare shoulder.

maorga *adv* stately = **uasal** = **státúil**.

maos *in phr* **ar ~** soaked.

mapa *4m* map = **léarscáil**.

mar *prp* as, like.

margadh *1m* market.

margaíocht *3f* marketing.

maróg *2f* pudding, pot belly.

marú *vn* to kill, **Bhí an phian á mh.** The pain was killing him.

más if < **má + is**, see **linn**. **Más seo Mí na Nollag.** If this is December, **más maith léi** if she likes.

Mata *4m* Maths.

Márta *4m* March.

máthair *5f* mother, **~ mhór** *U* grandmother = **seanmháthair**.

meáchan *1m* weight, **~ a chailleadh** to lose weight, *gs* **naoi gcloch meáchain** nine stone weight.

méad *1m, in phr* **cá mh.** how much/many? (+ gen.); **níl tuile dá ~ nach dtránn** there is no flood, however great, which does not subside.

meáigh *v* weigh.

meaisín *4m* machine = **gléas.**

mealladh *vn* to entice.

meallta *adj* disappointed.

meán *1m* middle, **~ Fómhair** September, **~ lae** noon = **lár an lae.**

meánscoil *2f* secondary school, *pl* **~eanna.**

méar *2f* finger.

meas *3m* respect = **urraim.**

meas *v* reckon, think, **an ~ann sé?** does he think = **an síleann sé?**

measa *adj* **is ~** worst, **níos ~** worse, **an t-ábhar is ~ léi** her least favourite subject. < **olc, dona.**

measartha *adj* **go ~** middling; before *adj* **~ tuirseach** fairly tired, **~ mór** fairly big = **cuíosach mór.**

measctha *adj* mixed.

meath *m* decline.

meicneoir *3m* mechanic.

méid *4m* size.

Meiriceá *pn* America.

Meiriceánach *1m* American.

Meitheamh *1m* June, *gs* **–thimh.**

mh- see **m-.**

mí *irr.f* month, *gs* **fá cheann míosa** within a month, **ar**

feadh míosa for a month.

mian *2f* wish, **is ~ le** wishes, **ba mh. le** would like = **ba mhaith le.**

míbhuntáiste *4m* disadvantage. *pl* **–tí.**

míchompordach *adj* uncomfortable.

míle *4m* mile, thousand.

milis *adj* sweet.

milliún *1m* million.

millte *adj* destroyed, ruined.

millteanach terrible = **uafásach.**

milseán *1m* sweet, *pl* **–áin.**

milseog *2f* dessert.

minic *adj* **Cé comh ~ agus a théann sé go hAlbain?** How often does he go to Scotland? **go han-mh.** very often.

mínigh *vb* explain, **mhíníodh** used to explain.

mion *in phr* **go ~ is go minic** time out of number.

míosa see **mí.**

miotal *1m* metal.

miotóg *2f* glove, *pl* **~a** = **lámhainní.**

mise I, me (emphatic).

míshásta (le) *adj* dissatisfied (with).

miste *in phr* **ní ~ liom** I do not mind; **an ~ leis?** does he mind?

mná *pl* (*gs*) of **bean** 'woman'.

mo my.

mó *adj* **is mó** biggest, **níos mó** bigger < **mór.** *In phr* **Ní mó ná go bhfanfaidh.** It is hardly likely he will (stay).

moch *adj* early = **luath** *U*.

moill *2f* delay; **Ar cuireadh ~ ar a gcuid cásanna?** Were their cases delayed?

mol *v* praise, see **óige**; **~ do** suggest;

mhol praised, **molann** praises

mholfainn I would praise

mholadh used to praise.

vn **moladh**, also *m* suggestion.

moll *1m* large amount = **cuid mhór** = **a lán**.

moltaí suggestions, *pl* of **moladh** (see **mol**).

monarcha *5f* factory.

mór *adj* big, large, *pl* ~**a**, see **mó**.

mórán *1m* a lot = **cuid mhór**.

morgáiste *4m* mortgage.

Mór-roinn 2f continent ~ **na hEorpa** Mainland Europe.

mothaigh *v* feel *U* = **braith**. **cad é mar a mhothaigh sé?** how did he feel?

mothaím I feel

muc *2f* pig.

múch *v* turn off, **~ an guthán póca!** Switch off the mobile phone.

muiceoil *3f* bacon = **bagún**.

muid *pron* we, us = **sinn**.

Muimhneach *1m* a native of Munster.

Muineachán *pn*, *gs* **Contae Mhuineacháin** County Monaghan.

muinín *2f* confidence, **níl ~**

agam astu I do not trust them.

múinte *gs* of **múineadh** teach, see **oide**.

múinteoir *3m* teacher, *pl* ~**í**.

muintir *2f* people, family; **~ an tsráidbhaile** (the) villagers.

muirfidh will kill *U* < **marbh** *v* = **maróidh** *Std* < **maraigh**. **~ tú breac** you will catch a trout.

mullach *1m* top = **barr**. **Léim sí sa mh. orm** she jumped on top of me.

Mumhain *pn* Munster **An Mh.**, *gs* **Cúige Mumhan** The Province of Muntser.

mura *conj* unless = **muna**.

múscail *v* wake up = **dúisigh**.

músclaímis let us awaken.

mhúsclaíodh used to waken.

n- before a vowel, see vowel, e.g. **n-a** < **a** etc.

na form of definite article 'the'

ná than.

nach *conj* that not, also *neg*. *interrog*.

nádúr *1m* nature.

nádúrtha *adj* natural.

náid *numeral* nought = **neimhní** *U*.

naíscoil *2f* nursery, *pl* ~**eanna**.

náisiúnta *adj* national.

naoi *numeral* nine.

naomh *m* saint.

nár *conj* that not, also *neg*. *interrog*.

nd- see **d-**

neacht *3f* niece.

néal *1m* **Thit ~ orm ansin**. I

dozed off.

neamhspleách *adj*
independent.

neart *1m* strength, *adv* plenty
(+ gen.) ~ **Gaeilge** plenty of
Irish; ~ **de bheagán** plenty of a
small amount; **níl** ~ **air** it can't
be helped; ~ **dó** plenty of it. **Ní**
~ **go cur le chéile.** Unity
makes strength (*lit* no strength
until putting together).

néata *adj* neat.

neimhní *numeral* zero,
'nothing' *U* = **náid.**

neirbhíseach *adj* nervous.

ng- see **g-.**

ní *neg. particle.*

ní *vn* of **nigh** wash.

ní thing = **rud,** see **buan,**
ionadh, seachnaíonn.

nia *4m* nephew.

níba more (*past & condit.*)

níba luaithe earlier, **níba**
mheasa worse **níos** in *pres. &*
fut.

nigh wash

ním I wash, **níonn** washes,
nífidh will wash, *vn* **ní.**

níl is/are not *neg. pres.* of **bí.**

níltear *neg. pres. aut.* of **bí,**
Níltear ag smaoineamh
mórán ar One is not thinking
a lot about.

nimhneach *adj* sore = **frithir** *U.*

níochán *1m* washing, *gs*
púdar níocháin washing
powder.

níor *neg. particle.*

nite *adj* washed.

niteoir *3m* washer.

nó *conj* or, than.

Nollaig *5f* Christmas, *gs* **mí na**
Nollag December.

nós *1m* tradition, **Bhítí ag dul**
do ~ eile. Another tradition
used to be practised =
Chleachtaí gnás eile.

nóta *4m* note.

nua *adj* new = **úr** *U.*

nuacht *3f* news.

nuachtán *1m* newspaper.

Nua-Eabhrac *pn* New York.

Nua-Ghaeilge *4f* Modern
Irish.

nuair *adv* when.

núicléach *adj* nuclear.

ó *prp* from (**uaim. uait, uaidh,**
uaithi, uainn, uaibh, uathu).

obair *2f* work, *gs* **mo chuid**
oibre, ag ~ working. See
crom.

ócáid *2f* occasion.

ocht *num* eight.

ochtú *num* eighth.

ocras *1m* hunger. **Ar bhuail ~**
í? Did she become hungry? =
An raibh ~ uirthi? = Ar
tháinig ~ uirthi?

óg *adj* young, *pl* **óga; is óige**
youngest, **níos óige ná**
younger than. See **aosta.**

oibre see **obair** and **leath.**

oibrí *4m* worker.

oíche *4f* night.

oide *4m* tutor; ~ **do mhúinte**

186

the tutor who schooled you.

oideachas *1m* education, *gs*
clár oideachais an educational
programme.

oifig *2f* office, *pl* **~í**.

óige see **óg**.

óige *4f* youth. **Mol an ~ agus
tiocfaidh sí.** Praise the young
and they will flourish.

oighear *1m* ice, *gs* **caidhp an
oighir** the ice-cap.

oileán *1m* island.

oiliúint *3f* training = **traenáil**,
gs **coláiste oiliúna** (teacher)
training college.

oinniún *1m* onion, *npl* **–úin**.

oiread *in phr* **a ~** as much, **ach
~** neither, **an ~ sin** (all) that
much.

oirthear *1m* east.

ól *v* drink, **d'ól** drank.

ólaim I drink, **ólann** drinks
óltar agus itear barraíocht
too much is eaten and drunk.
ólfaidh will drink
d'óladh used to drink
d'ólfaí caife coffe would be
drunk.

ola *4m* oil.

olcas *in phr* **ag dul in olcas**
getting worse = **ag éirí níos
measa**.

ollmhargadh *1m* supermarket.

ollmhór enormous = **an-mhór
(ar fad)**.

ollscoil *2f* university.

ón from the < **ó + an**.

óna from his/its/her/their < **ó +**

a. **Cad é a bhí óna hathair?**
What did her father need =
**Cad é a bhí de dhíth ar a
hathair?**

onóir *3f* honour.

ór *1m* gold.

orainn on us < **ar**.

oráiste *adj + 4m* orange, *pl*
oráistí.

ord *1m* order, *as* **~** out of order.

ordaigh *v* order, **d'ordaigh**
ordered
d'ordófaí would be ordered
vn **lón le hordú** lunch to be
ordered.

orgánach *adv* organic =
nádúrtha.

orlach *1m* inch, **trí horlaí**
three inches.

orm on me < **ar**.

ormsa on me (emphatic) < **ar**.

ort on you < **ar**.

orthu on them < **ar**.

ortsa on you (*emphatic*) < **ar**.

os *in phr* **os cionn** above, **os
comhair** = **os coinne** (all + gen.).

oscail *v* open = **foscail** *U*,
d'oscail opened = **d'fhoscail** *U* etc.

ospidéal *1m* hospital =
otharlann.

óstán *1m* hotel, *gs/np* **–áin**.

otharcharr *1m* ambulance.

otharlann *2f* hospital =
ospidéal.

ózón *1m* ozone, *gs* **sa chiseal
ózóin** in the ozone layer.

pacáil *v* pack, **phacáil** packed
pacálfaidh will pack

phacáladh used to pack.
pacáiste *4m* package.
páipéar *1m* paper.
páirc *2f* park, field, *pl* ~**eanna**.
páirceáil *v* park
páirceálaim I park.
páirt *2f* part, **príomhph.**
leading role; *pl* ~**eanna**
tábhachtacha important parts.
páirteach *adj* **bheith** ~ **i** to
take a part in.
páirtí *4m* party.
paisinéir *3m* passenger, *pl* ~**í**.
páiste *4m* child = **leanbh**, *pl*
páistí.
pas *4m* passport; ~ **bordála**
boarding pass.
pasáiste *4m* passage.
peann *1m* pen.
peata *4m* pet.
peil *2f* football, ~ **Ghaelach**
Gaelic football, *gs* **ag imirt** ~**e**
playing football, **cluiche** ~**e** a
game of football.
peileadóir *3m* footballer, *pl* ~**í**.
péinteáil *v & vn* paint
péinteálfar will be painted.
péintéireacht *3f* painting.
péire *4m* pair.
peitreal *1m* petrol, *gs*
barraíocht peitril too much
petrol
pictiúrlann *2f* cinema.
pill *v* return *U* = **fill** *Std.*
pilleann returns = **filleann** *Std.*
pillfidh will return = **fillfidh**
Std.
philleadh used to return =

d'fhilleadh *Std.*
phillfí (= d'fhillfí) chun an
bhaile breá sásta one would
return home very content.
vn **pilleadh** = **filleadh** *Std.*
pingin *2f* penny; ~ **rua fágtha**
broke.
pinsean *1m* pension.
piobar *1m* pepper.
pioc *v* pick = **togh** =
roghnaigh
vn **piocadh** = **toghadh** =
roghnú
piocfar will be picked =
toghfar = **roghnófar**.
píochán *1m* hoarseness.
píolóta *4m* pilot.
piolla *4m* pill.
piorra *4m* pear, *pl* ~**í**.
píosa *4m* piece = **giota**; **go**
cionn ~ for a while = **go cionn**
tamaill.
pis *2f* pea, *npl* ~**eanna** peas.
plaisteach *adj* plastic, *pl* ~**a**.
plé *vn* to discuss = **caibidil**;
see **pléigh**.
plean *m* plan, *pl* ~**anna**.
pléascán *1m* explosion.
pléigh *v* discuss, *vn* **plé**
pléann discusses
phléadh used to discuss
plúchadh *vn* **ag** ~ **sneachta**
snowing heavily.
pluma *4m* plum, *pl* ~**í**.
pobal *1m* community, *gs* **halla**
pobail a community centre.
See **gnáth**.
póca *4m* pocket; **guthán** ~

mobile phone.

poiblí *adj* public. See **iompar**.

pointe *4m* point.

poist see **post**.

polaiteoir *3m* politician, *pl* ~í.

polaitíocht *3m* politics.

poll *1m* hole. See **cur**.

pónaire *4m* bean, *pl* –rí,

popcheol *1m* pop music.

Port Láirge *pn* Waterford.

post *1m* post, job, *gs/np* **poist**, *gp* ~. *Gs* **cárta poist** postcard, **oifig (an) phoist** (the) post office, **costas poist** postage cost. See **éirigh**.

praghas *1m* price = **luach** = **táille**.

préata *4m* potato, *pl* ~í.

príobháideach *adj* private, *pl* ~a.

príomh- *prefix* main, principal

príomhchúrsa *4m* main course.

príomhpháirt *2f* leading part.

príosúnach *1m* prisoner.

proifisiúnta *adj* professional = **oilte**.

púdar *1m* powder.

punt *1m* pound, **cúig ph.** five pounds.

rá *vn* to say < **abair**.

rabhthas *past auton* of **bí: ní rabhthas cinnte** one was not sure.

rac-cheol *1m* rock music.

rachadh would go < **téigh**.

rachaidh will go < **téigh**.

rachainn I would go < **téigh**.

rachfaí *condit auton* ~ **go dtí**

na siopaí one would go to the shops < **téigh**.

rachfar *fut auton* ~ **a fhad le tógálaí** ansin one will go to a builder then < **téigh**.

radharc *1m* view.

raibh *dep. form* of **bhí** was, **ní** ~ was not.

raibh *in phr* **go** ~ **maith agat** thank you < *pres. subj.*

raidió *4m* radio.

ráithe *4f* three months = **séasúr = trí mhí**.

rámhaíocht *3f*, **ag** ~ rowing.

ramhar *adj* fat.

rang *3m* class, *pl* ~anna.

rásúr *1m* razor, *npl* –úir.

ráta *4m* rate, *pl* ~í.

ré *4f* time = **am**; *in phr* **roimh ré** beforehand.

reáchtálfar will be organised < **reáchtáil**.

réamhchúrsa *4m* starter < **réamh-**'pre-' + **cúrsa** 'course'.

reatha *gs* of **rith** 'run', **cúrsaí** ~ current affairs; see **ruagaire**.

réidh *adj* ready, finished; **rinne mé** ~ I made (food), **airgead** ~ cash, **ag déanamh** ~ preparing *U* = **ag ullmhú**.

réir *in phr* **de** ~ **a chéile** gradually = **diaidh ar ndiaidh** = **ó ghiota go giota**.

réiteach *vn* to solve, **seomra a** ~ to tidy a room.

réitigh tidy, see **réiteach**.

réitithe *adj* **An raibh gach rud** ~ **aici?** Had she everything

cleared away?
reoite *adj* frozen, **uachtar** ~ ice-cream.
riachtanach *adj* necessary.
rialta *adj* regular, **go** ~ regularly.
riamh *adv* ever (past).
riar *1m* provision = **soláthar**.
rinne did, made < **déan**.
rinneadh *past auton.* ~ **fiosrúchán** an investigation was carried out ('done'); ~ **luchóg díomsa** I was turned into a mouse.
ríomhaire *4m* computer, *pl* –**airí**.
ríomhaireacht *3f* computer studies.
ríomhphost *1m* e-mail, *gs* **seoladh ríomhphoist** e-mail address, *npl* **ríomhphoist**.
rith *v* run, **i rith** (+ gen.) during. See **reatha**.
ró- *prefix* too
ró-ard too high.
róchallánach too noisy.
ród *1m* road = **bealach mór** = **bóthar**.
rogha *4m* choice, ~ **gach bídh** the finest of all food; see **deacair**.
róghasta too quick.
roimh *prp* before, see **ré**.
roinnt *f* ~ **acu** some of them.
rollóg *2f* roll, *npl* ~**a**.
rómhall too late.
romham before me < **roimh**.
romhat before you < **roimh**.

rómhór too big.
róramhar too fat.
Ros Comáin *pn* Rosommon.
róshalach *adj* too dirty.
rothar *1m* bicycle.
ró-the *adj* too hot.
róthuirseach *adj* too tired.
rua *adj* red-haired. See **madadh, pingin**.
ruagaire *4m* **reatha** an out and out rogue = **bithiúnach**.
rud *3m* thing, *pl* ~**aí** = **ní**. **Bí gan aon** ~. Have nothing.
rugadh *past auton* was/were born < **beir**.
rún *in phr* **tá rún agam** I intend to.
rúnaí *4m* secretary.
sa *prp* in the < **i** + **an**.
sábháil *v* save, **shábhálfaí cuid de** some of it would be saved.
sábháilte *adj* safe, saved.
sacar *1m* soccer, *gs* **imreoirí sacair** soccer players.
s'acusan their, **teach** ~ their house.
s'againne *poss* our, **i dteach** ~ in our house.
saibhreas *1m* wealth, riches.
s'aigesean *poss* his, **i rang** ~ in his class.
sáile *in phr* **thar** ~ overseas = **thar lear** = **ar an choigrí(o)ch**.
sailéad *1m* salad = **pláta de ghlasraí**.
saillte *adj* salted.
sáith *2f* fill *U* = **dóthain** = **go**

190

leor; chodail mé mo sh. I slept my fill.

salach *adj* dirty.

salann salt, *gs* **barraíocht salainn** too much salt.

Samhain *3f* Hallowe'en, *gs* **Mí na Samhna** November.

samhradh *1m* summer, *gs* **i rith an tsamhraidh** during the summer.

sampla *4m* sample, **mar shampla** for example; **m.sh.** e.g.

san *prp* in the (before vowel/*f*-).

santach *adj* greedy, *pl* **An daoine ~a cuid de na peileadóirí?** Are some footballers greedy people?

saoi *4m* seer, wise man.

saoire *4f* **ar ~** on holidays, vacation **laethanta ~** holidays.

saoire *see* **saor**.

saoithiúil *adj* strange = **aisteach** = **ait**.

saol *1m* life, world.

saor *adj* free, cheap; **is saoire** cheapest, **níos saoire** cheaper.

saothar *1m* work = **obair**.

saothrófar *fut auton* will be earned < **saothraigh**.

sárú *vn* to overcome.

deacrachtaí le ~ difficulties to be overcome = **fadhbanna le réiteach**; *fut. auton* **tá súil againn go sárófar iad** we hope that they will be overcome.

Sasain *3f* England *U* = **Sasana** *Std*.

Sasanach *1m* English person, *gs/np* **–naigh**.

sásta *adj* satisfied, happy, handy; **~ le** pleased with. See **míshásta**.

Satharn *1m* **An ~** Saturday; *gs* **Dé Sathairn** on Saturday.

scabadh *vn* to spread *U* = **scaipeadh** *Std*. **An iarrfá ar do theaghlach gan an scéal a ~?** Would you ask your family not to spread the news? = **gan scéal a inse d'achan duine**.

scaifte *4m* crowd *U* = **scata** = **slua**.

scáileán *1m* screen, *gs* **os comhair scáileáin** opposite a screen.

scairf *2f* scarf.

scairt *2f* a call = **glaoch**, *pl* **~eanna; chuir mé ~ ar** I called.

scairt *v*, *imperf auton* **scairtí amach na focail seo a leanas** the following words used to be called out.

scála *4m* a scale, *pl* **~í**.

scamallach *adj* cloudy.

scannán *1m* film, *npl* **–náin**.

scartha *adj* separated, detached. See **leathscartha**.

scáth *3m* shadow; **ar ~ a chéile** in each other's shade.

scathamh *1m* a while = **tamall**; *gs* **ar feadh scathaimh** = **ar feadh tamaill** for a while.

scáthán *1m* mirror.

sceadamán *1m* throat *U* =

scornach.

scéal *1m* story, *gs* **dhá thaobh an scéil** the two sides of the story, *pl* ~ta.

scéalach *adj* possessing many stories.

sceallóg *2f* chip, *pl* ~a.

scéalta *pl* stories, see **scéal**.

scéil see **scéal**.

scéim *2f* scheme = **tionscadal**.

sciar *4m* share, portion.

sciob *v* snatch, steal; **ar sciobadh na málaí?** were the bags stolen? = **ar goideadh iad? = ar tugadh as iad?**

sciorta *4m* skirt.

scíste *4f* rest *U* = **scíth** *Std.* ~ **iomlán de dhíobháil tráthnóna!** Total rest needed in the afternoon!

scoil *2f* school, *gs* ~e, *pl* ~eanna.

scoite *adj* cut off.

scoith *in phr* **aisteoir den** ~ a first class actor. Form **scoith** = *inflected dat sg of* **scoth** *Std.*

scor *in phr* **ar** ~ **bith** anyhow/any way = **i gcás ar bith**.

scoth *see* **scoith**.

scríbe see **ceann**.

scríobán *1m* ~ **spéire** a sky-scraper.

scríobh *v* write, **scríobhann** writes

scríobhfaidh will write, **scríobhainn** I used to write.

scríofa written.

scrúdú *2m* exam, *pl* **scrúduithe**.

scuab *2f* brush.

scuabadh *vn* to brush.

scuaine *4f* queue.

sé *pron* he, it *m.*

sé *num* six.

seachnaíonn avoids < **seachain**. ~ **súil ní nach bhfeiceann** the eye avoids what it does not see. **ní** here = 'thing'.

seacht *num* seven.

seachtain *2f* week, *gs* ~e.

seachtar *num* seven (people).

seacláid *2f* chocolate, *gs* ~e, *pl* ~í.

seal *3m* while = **tamall** = **scathamh**. **Thíos** ~ **thuas** ~. Life has its ups and downs.

sean *adj* old = **aosta, sean-***prefix* old.

seanathair *5m* grandfather = **athair mór = daideo** < **sean + athair**.

seanbhean old woman < **sean + bean**.

seanchas *1m* lore, *gs* **traidisiún an tseanchais** the storytelling tradition = **an traidisiún béil = an béaloideas**.

seancheann *1m* the old one < **sean + ceann**.

seanfhear *1m* old man.

seanfhocal *1m* proverb (*lit.* 'old word').

sean-Ghael *gpl* of the old

Gaels.

seanléim *2f in phr* **tá sí ar a ~** she is fully recovered (*lit.* 'on her old leap').

seanmháthair *5f* grandmother = **máthair mhór** = **mamó**.

seanpháipéar *1m* old paper.

seanrud *3m* old thing, a second hand item.

seans *4m* chance = **faill** = **deis**.

seanscannán *1m* the old film.

seanteach *2m* old house, *pl* **seantithe** old houses, **teach**.

seantroscán *1m* old furniture.

Seapáin *2f* Japan.

seasamh *vn* to stand.

seasca *num* sixty = **trí scór**.

seasfaidh will stand < **seas**.

seic *4m* cheque.

seicleabhar *1m* cheque book.

séideadh *vn* to blow.

seilf *2f* shelf, *pl* **~eanna**.

séimh *adj* gentle = **deas** = **macánta modhúil. Ar dhuine séimh an múinteoir seo?** Was this teacher a gentle person? **B'ea.** He was.

seinm *vn* to play (music) = **bualadh ar**.

seinneann plays = **buaileann ar**.

seirbhís *2f* service.

seisean *pron.* him, it *m*, *emphatic.*

seo *dem pron.* this.

seoid *2f* jewel, *pl* **seoda**.

seoladh *3m* address.

seomra *4m* room, *pl* **~í**.

sh- see **s-**.

sí *pron* she, it *f*.

siad *pron* they.

siadsan *pron* they, *emphatic.*

siar *adv* (to the) west, back.

sibh *pron* you *pl*.

sicín *4m* chicken.

síl *v* think *U* = **ceap**; **insíonn sé di cad é a shíleann sé díobh** he tells her what she thinks of them.

sílim I think, **síleann** thinks.

sin *dem. pron.* that.

ó shin ago.

sine < **sean**; **is ~** oldest, **níos ~** older.

Síneach *adj* Chinese.

singilte *adj* single

sínigh *v* sign.

síntiúnas *1m* tip = **síntiús** *Std.*

síob *2f* lift, **~anna de dhíth** lifts needed.

sioc *3m* frost.

síocháin *3f* peace, **~ a chothú** to encourage peace.

siopa *4m* shop, **~í** shops.

siopadóireacht *vn, 3f* shopping, *gs* **~a**.

síorobair continuously workling < **síor** + **obair**.

síos *adv* down.

sise *pron* she, it *f*, *emphatic.*

siúcra *4m* sugar = **siúchra** *U.*

siúd *dem. pron* that = **sin**.

siúil *v* walk, **shiúil** walked

siúlann walks,

siúlfaidh will walk

vn **siúl**

siúl *1m* travel, walk, **ar siúl** going on = **ar bun.**

siúlach *adj* & *1m* (one) fond of travelling.

siúlóid *2f* a walk, *pl* ~**í**; see **taitin.**

slaghdán *1m* a cold.

sláinte *4f* health, cheers, *gs* **i mbarr na** ~ in the peak of health.

sláintiúil *v* healthy = **folláin.**

slán goodbye.

slat *2f* **iasacaireachta** fishing rod.

sleamhain *adj* slippery.

sleamhnaigh *v* slip.

sléibhte mountains, *pl* of **sliabh** *2m.*

slí *4f* way, ~ **bheatha** occupation = **post** = **obair** = **jeab.**

Sligeach *pn* Sligo, *gs* **Sligigh.**

slogann swallows < **slog.**

slua *4m* crowd = **scaifte** *U.*

smaoineamh *vn* to think, *1m* a thought.

smaoinigh *v* think

smaoineoinn I would think

smaoineofaí ar an dóigh ab fhearr leis an airgead a chaitheamh one would think of the best way to spend the money.

cé nach smaoinítear minic go leor ar an phointe seo although this matter is not thought about often enough.

sna in the < **i + na.**

snámh *vn* to swim, *gs* **linn snámha** a swimming pool.

snas *3m* polish.

sneachta *4m* snow, **ag cur** ~ snowing, see **plúchadh.**

só *4m* comfort.

sochaí *4f* society, *gs* **na** ~.

sochar *1m* benefit, *gs* **An rachaidh athchúrsáil chun sochair don timpeallacht?** Will recycling help the environment?

socraigh *v* settle, arrange, **shocróinn** I would arrange **socrófar** will be arranged.

soiléir *adj* clear.

soilse *lights* see **solas.**

soilsiú *vn* to shine = **taitneamh.**

sóisialta *adj* social.

soitheach *1m* dish, vessel.

soithí dishes < **soitheach.**

solas *1m* light, *gs* **solais,** *pl* **soilse; le** ~ **an lae** in daylight.

sólann *2f* leisure centre.

soláthar *vn* to provide, **caithfear fuinneamh a sh.** power has to be produced.

son *in phr* **ar son** for (the sake of + *gen*).

sona *adj* happy.

sópa *4m* soap = **gallúnach.**

sos *3m* break = **briseadh.**

Spáinn *2f* Spain, *gs* ~**e.**

Spáinneach *1m* Spanish (person).

Spáinnis *2f* Spanish (language).

spáráil *v/vn* spare.
spárálach *adj* sparing, **níos spárálaí** more sparing = **níos cúramaí.**
spéir *2f* sky, *gs* **scríobán ~e** sky scraper.
spéis *2f* interest = **suim.**
speisialta *adj* special = **faoi leith.**
spléachadh *m* a glance.
spórt *1m* sport, fun, *gs* **bróga spóirt** sports shoes. See **spraoi, craic.**
spraoi *4m* **an spórt agus an ~** the fun and crack, the playfulness.
spreagadh *vn* to inspire, encourage.
spreagúil *adj* inspirational.
spréigh *v* spread, **an spréifidh?** will it spread?
sráid *2f* street, *gs* **trasna na ~e** across the street.
sráidbhaile *4m* village = **baile beag.**
sraith *2f* series, *gs* **teach ~e** a terrace house.
srian *1m* bridle, **gan ~** unbridled = **gan stad = gan teorainn.**
sroich *v* reach = **bain amach.**
sroichim I reach, **cá huair a shroicheann sé?** when does he arrive? **sroichfidh** will reach.
sruth *3m* current. stream, see **maide.**
stábla *4m* stable.
stad *v, m* stop = **stop; ar**

baineadh ~ aisti? was she taken aback?
stadaim I stop, **stadann** stops **stadfaidh** will stop.
staidéar *1m*, *vn* study, *gs* **do chuid staidéir** your studies.
staighre *4m* stairs.
stair *2f* history.
stáisiún *1m* station.
stáitse *4m* stage = **ardán.**
stampa *4m* stamp, *pl* **~í.**
stéig *2f* steak.
stíl *2f* style, **~ fholláin bheatha** healthy life style.
stiúgtha *adj* famished with hunger.
stiúrthóir *3m* director, *gs* **–óra.**
stoirm *2f* storm = **doineann.**
stoirmiúil *adj* stormy = **doineannta.**
stop *v* stop/stay = **stad.**
stopann stops/stays
stopfaidh will stop/stay
ipve auton **stoptar anois é!** let it be stopped now!
vn **stopadh = stad.**
stór *1m* storey.
stóráil *v/vn* store, **Stórálfar amuigh sa gharáiste é.** It will be stored out in the garage = **coinneofar.**
stóras *1m* store.
stráinséir *3m* stranger.
straitéis *2f* strategy, *pl* **~í.**
streachailt *2f* struggle = **stró.**
stuif *4m* stuff.
sú *4m* juice.
suaimhneach *adj* peaceful =

ciúin.

suaimhneas *1m* tranquillity = **cíunas**.

suas *adv* up.

súgradh *vn* to play, *gs* **seomraí súgartha** play rooms.

suí *vn* to sit, **an mbíonn sí ina ~ mall?** does she sit up late?

suigh *v* sit, **shuigh** sat, **suím** I sit, **suíonn** sits, **suímid** we sit, **suífidh** will sit, *condit auton* **shuífí** one would sit, **shuínn** I used to sit, **shuíodh** used to sit, *vadj* **suite**.

súil *2f* eye, *np* **~e**, *gpl* **a cuid súl** her eyes.

súil *in phr* **ag ~ le** looking forward to, expecting; **tá ~ agam** I hope = **dúil** *U*.

suim *2f* interest = **spéis**.

suimiúil *ady* interesting = **spéisiuil**.

suíomh *1m* site, *pl* **suíomhacha** *U*.

suíonn see **suí**.

suite situated, *vadj* sat < **suigh**.

súl *see* **súil**.

sula *adv* before (with preverbs *ní, an, go, nach*), **~ndearna sé** before he did, see **22**.

sular *adv* before (with preverbs *níor, ar, gur, nár*); **~ ith mé** before I ate, see **22**.

sult *1m* pleasure = **pléisiúr**; **bhain sé ~ as an rang** he enjoyed the class; **baineann sé ~ as** he enjoys.

sútha talún strawberries.

t-vowel, see vowel.

tá is/are *pres* of **bí**.

tábhacht *3f* importance, **tá ~ mhór ag baint leis seo** this is very important.

tábhachtach *adj* important, *pl* **~a**.

tabhair *v* give, see **tug-** *vn* **tabhairt** to give; See **tug-**. **~ le** bring, **mo sheicleabhar a thabhairt liom** to bring my chequebook, **tabhairt faoi scéim** to undertake/embark upon a scheme

tabharfaidh will give, **thabharfainn** I would give, **an dtabharfá?** would you give?; **d'éistfí le comhairle dá dtabharfaí í** advice would be listened to if it were given. *pres subj* **sula dtuga tú léim** before you leap (*lit.* 'may give a jump').

tábla *4m* table = **bord**.

tacaíocht *3f* support = **cuidiú**.

tacsaí *4m* taxi.

tae *4m* tea.

tagaim I come, **tagann** comes, **an dtagadh an múinteoir?** did the teacher used to come? < **tar**.

táille *4f* fee = **costas**.

táinte *pl* herds of cattle = wealth.

táiplis *2f* draughts, checkers.

tairbhe *4f* benefit, **de th.** because = **de bhrí**.

tairg *v* offer = **ofráil**;
dá dtairgfí ceithre mhíle punt air if £4000 were offered for it.
tairseach *2f* threshold.
taisce *4f* treasure = **saibhreas**.
taiscidh *U* = **taisce** *Std*, **a th. dear**.
taisme *4f* accident = **timpiste**.
taispeáin *v* show, *vn* ~**t**.
taisteal *1m* travel, *gs* **gléas taistil** means of transport, *vn* **ag** ~ travelling.
taistil *v* travel, **An dtaistealaíodh Peadar?** Did P. used to travel?
taithí *4f* experience.
taitin *v* **thaitin le** enjoyed.
taitníonn le enjoys < **taitin**.
tá súil agam go dtaitneoidh an bia … liom I hope I will enjoy the food. **An dtaitníodh na siúlóidí leis na páistí?** Did the children used to enjoy the walks?
talamh *1m* ground, *gs* **píosa mór talaimh** a big piece of land, *var gs* **sútha talún** strawberries ('berries of (the) ground').
tamall *1m* while = **seal** = **scathamh**; *gs* **i ndiaidh tamaill** after a while.
tanaí *adj* thin = **caol**.
tanca *4m* tank.
taobh *m, f U* side; ~ **istigh** inside, ~ **amuigh** outside, ~ **amuigh de** apart from, ~ **amuigh dá cuid bagáiste** apart

from her baggage = **seachas**; ~ **le (chéile)** beside (each other), ~ **thiar** behind = **ar chúl**.
taodach *adj* temperamental.
taos *1m* **fiacla** toothpaste.
tar éis *prp* after = **i ndiaidh** *U*.
tar *v* come
tháinig came
tagann comes = **tig** *U*.
tiocfaidh will come
thiocfadh would come,
thiocfadh le could
an dtiocfadh linn? could we?
an dtiocfá? would you come?
thagadh used to come =
thigeadh *U*
vn **teacht** (**theacht** when **ag** does not precede *U*).
Dá dtiocfaí ar mhargadh mhaith, gheobhfaí é. If a good bargain were found it would be got.
tarla *v* **cad é a tharla do?** what happened to?
tarlaíonn happens.
tarracán *1m* drawer, *np* –**áin**.
tarraing *v* pull
tarraingeofar will be pulled.
vn **tarraingt**, **ag** ~**t ar** approaching.
tart *1m* thirst = **íota**.
táthar *pres auton* ~ **ag iarraidh gach rud a dhíol linn** they are trying to sell us all sorts, ~ **ag smaoineamh faoi** it is being thought about < **bí**.
tchí sees *U* = **feiceann** *Std*.

tchífeadh would see *indep U* = **d'fheicfeadh** *Std* < **feic**.

tchífidh will see *indep U* = **feicfidh** *Std* < **feic**.

tchím I see *indep U* = **feicim** *Std* < **feic**.

te *adj* warm, *pl* **teo**.

té *4m* **an ~ nach trua leis** the one who does not pity; **an ~ atá** the one who is.

teach *2m* house, *gs* **tí**, *pl* **tithe**.

teacht to come < **tar**.

teachtaire *4m* messenger.

téacs *4m* text (message), *pl* **~anna**.

teagasc *1m* **Críostaí** Relgion = **Reiligiún**.

vn **Cé atá do do theagasc?** Who is teaching you? = **Cé hé do mhúinteoir?**

teaghlach *1m* household, family.

teanga *4f* tongue, language, *pl* **~cha**.

teann *adj* tight.

téann goes < **téigh**.

teas *3m* heat, *gs* **córas ~a** heating system.

teasdíon *1m* insulation.

teastáil *vn* **ag ~ (ó)** needed = **de dhíth (ar)** *U*.

teicneolaíocht *3f* technology.

téigh *v* go, **téann** goes, *vn* **dul/dhul**

chuaigh went, **ní dheachaigh** did not go

rachaidh will go, **rachadh** would go

théadh used to go, **an dtéadh siad?** did they used to go? *U* = **an dtéidís?** *Std*.

teilifís *2f* television.

téim I go < **téigh**.

téip *2f* tape, see **fistéip**.

téitear *pres auton* < **téigh**: **téitear thar fóir leis an chaitheamh** one goes overboard with spending.

teocht *3f* temperature.

teorainn *2f* limit, border.

thabharfaí *condit auton* < **tabhair**: **~ chun an bhaile é** it would be taken home.

thabharfainn I would give < **tabhair**.

thagadh used to come < **tar**.

thagtaí *imperf auton* < **tar**; **~ isteach leis an luachair** one used to come in with the rushes.

tháinig came < **tar**.

thall *adv* over.

thángthas *past auton* of **tar** come: **níor ~ ar an té ar leis an saibhreas seo** the person who owned this treasure was never found (*lit* was never came upon).

thar *prp* over, **thar lear** = **thar sáile** overseas; **~ oíche** over night, **dul ~ fóir** to go over board.

thart *adv/prp* over; **bhí sé ~ roimh a deich** it was over before ten = **críochnaithe; chóir a bheith ~** almost over;

~ **ar gach teach** around every
house, **siúl** ~ to walk around; ~
ar an domhan around the
world. **ag siúl ~ le teach Uí
Bhaoill** walking past Ó
Baoill's house;
**an tseachtain seo a chuaigh
thart** *U* last week (*lit* 'this
week which went by') = **an
tseachtain seo caite.**
thart fá *U* **thart fá leath i
ndiaidh a deich** around 10.30
= **timpeall leath(uair) tar éis
a deich.**
theacht *U* to come = **teacht**
Std, yet **ag teacht** *U* + *Std*.
théadh used to go < **téigh.**
theas *adv* south.
théinn I used to go < **téigh.**
thiar *adv* west.
thig comes, see **tíos.**
thig le can *U* = **is féidir le.**
thiocfadh le could *U* =
**d'fhéadfadh: Thiocfaí cuid
mhór a dhéanamh leis an
airgead.** A lot could be done
with the money, see **tar.**
thiocfainn I would come <
tar.
thíos *adv* down.
thoir *adv* east.
thú *pron* you *2sg*.
thuaidh *adv* north.
thuas *adv* up.
thug gave < **tabhair** give.
thugadh used to give <
tabhair give.
thugtaí abhaile í it used to be

brought home < **tabhair** give.
thusa *pron.* you *2sg, emphatic.*
tí *gs* of **teach** house.
tí *in phr* **ar ~ tosú** about to
start = **ag brath tosú.**
tibhe < **tiubh, is ~ fuil** blood is
thicker.
ticéad *1m* ticket, *np* **ticéid.**
timpeall *in phr* ~ **a hocht**
around eight = **i dtrátha a
hocht** = **thart fána hocht.**
timpeallacht *3f* environment.
timpiste *4f* accident.
tine *4f* fire.
tinn *adj* sick.
tinneas *1m* sickness, ~ **cinn**
headache; ~ **fiacaile** toothache
= **déideadh** *U*.
tinteán *1m* fireside.
tioc- see **tar.**
tiocfaidh will come < **tar.**
tiomáin *v* drive., **thiomáin**
drove
tiomáineann drives
tiomáinfidh will drive.
thiomáineadh used to drive
vn **tiomáint**, *gs* see **ceadúnas.**
tiománaí *4m* **leoraí** a lorry
driver.
tionchar *1m* influence
tiontaigh *v* turn.
tíos *1m* home economics. **Ní
thig aithne go haon ~.** You do
not know someone until you
live with them.
tír *2f* country, *gs* ~**e.**
Tír Eoghain *pn* Tyrone.
Tír Chonaill *pn* Tyrconnel,

Donegal.

tíreolaíocht *3f* geography.

tirim *adj* dry.

tit fall, *vn* ~**im**

thit fell

titeann falls.

tithe *pl* of **teach** house.

tithíocht *3f* housing, **scéim thithíochta** a housing scheme.

titim *vn* to fall.

t-léinte *pl* t-shirts.

tobann *adj* sudden.

tobar *1m* well, **go dtráitear an ~** until the well is exhausted, drained.

todhchaí *4f* future, *gs* **na ~**.

tóg *v* lift, **thóg** lifted, **tógadh** was brought up **tógann** lifts, **tógtar** is lifted, **a thógtar na caisleáin** that the castles are built.

tógfar ceann úr a new one will be built.

thógfadh would lift, **thógfainn** I would lift **thógadh** used to lift **tógáil** *vn* to lift.

tógálaí *4m* builder.

togh *v* choose, pick = **roghnaigh** = **pioc**. *vn* ~**adh** *U*. **an dtoghann sé?** does he pick = **an bpiocann sé?**; **ní thoghfaí ach na cinn ab fhearr** only the best would be chosen; **ach nuair a thoghtar iad** when they are elected; **An dtoghfaí gach ceann acu?** Would each of them be chosen?

togha *4m* choice, ~ **gach dí** the best of all drink = **rogha**.

toghchán *1m* election.

tógtha *adj* excited = **fríd a chéile** *U*.

toil *3f* pleasure, will, **le do th.** please *U* = **más é do th. é**

toilg see **tolg**.

toim *pl* of **tom** bush.

toirneach *2f* thunder.

toirtín *4m* **úll** apple tart.

toiseach *in phr* **ar th. an tí** at the front of the house = **tosach** *Std*.

tólamh *in phr* **i d~** always = **i gcónaí**.

tolg *1m* sofa, *gs* **préataí toilg** couch potatoes.

tomhaltachas *1m* consumerism.

tonn *2f* wave, **ag dul faoi th.** submerging.

tormán *1m* noise.

torthaí fruits, results < **toradh** *1m*.

tosaigh *v* begin, start = **toisigh** *U*.

thosaigh began

tosaím I begin, **tosaíonn** begins, **tosóidh** will begin **An dtosaítear ar an fhógraíocht i bhfad róluath?** Is advertising started far too early?

tosófar ar an mhaisiúchán the decoration will be started.

tosaíocht *3f* priority =

príreacht.

tósta *4m* toast = **arán rósta**.

tost *1m* silent, **d'fhan mé i mo th.** I remained silent.

tostach *adj* silent = **ciúin**.

trá *4f* beach, *gs* **cois trá** by the beach, *pl* **tránna**.

trácht *3m*, *gs* **brú ~a** traffic congestion.

traein *5f* train, *gs* **traenach**.

traenáil *vn* to train, *3f*, *gs* **–ála**.

traidhfil *4m* trifle.

traidisiún *1m* tradition. See **seanchas**.

traidisiúnta *adj* traditional.

tráitear is drained *pres auton* < **tráigh**. See **tobar**.

tralaí *4m* trolley.

tránn subsides < **tráigh**.

tránna *pl* of **trá**.

traochta *adj* exhausted = **an-tuirseach = buailte amach**.

trasna *prp* over (+ gen.).

tráth *in phr* **i dtrátha** (+ gen.) around = **thart fá = timpeall**.

tráthnóna *4m* afternoon.

tréataí tomatoes < **tréata** *U* = **tráta** *Std.*

tréimhse *4f* period, while, time.

treise *spve adj* **is treise peann ná claíomh** the pen is mightier than the sword.

treo *in phr* **i d~** (+ gen.) in the direction of.

treoir *5f* direction, *pl* **treoracha**.

treoraí *4m* guide.

trí *num* three.

triail *5f* **baineann muid ~ as rudaí** we try things.

triall *1m* journey, **Cá raibh a ~?** Where was she heading = **Cá raibh sí ag dul?**

tríocha *num* thirty.

tríochadú *num* thirtieth.

triomaíonn dries < **triomaigh**.

triomaithe *vadj* dried.

triomú *vn* to dry, **á dt.** drying them.

tríú *num* third.

triúr *num* three (people).

troid *vn* **ag ~** fighting; fight *3f*.

troithe *pl* feet (measure) < **troigh**.

trom *adj* heavy.

tromluí *4m* nightmare < **trom + luí**.

troscán *1m* furniture.

trua *4f* **tá ~ agam do** I pity; **is trua léi sin** she regrets that.

truailliú *m* pollution.

ts see **s-**.

tú *pron* you *2 sg*.

tuáille *4m* towel.

tuairim *2f* opinion = **barúil**.

tuairisc *2f* report = **cuntas**.

tuaisceart *1m* north.

tuarastal *1m* salary, pay = **pá**.

tUasal Mister < **uasal**.

tuath *in phr* **amuigh faoin ~** out in the country.

tubán *1m* **folctha** bath tub.

tugadh was given < **tabhair**.

tugaim I give < **tabhair**.

tugann gives < **tabhair**.

ní thugtar aon aird air *pres auton* no heed is paid to him.
tugtar *ipve auton* ~ **faoin spórt** let sport be undertaken.
An dtugtaí páirteanna tábhachtacha sna drámaí di? Did she used to be given important parts in the play?
tugtha *in* phr ~ **do** fond of, **an-tugtha do** very fond of < **tabhair**.
tuig *v* understand, **thuig** understood.
ní thuigim sin I don't understand that.
ní thuigeann does not understand.
thuiginn i gcónaí é I always used to understand him
tuigbheáil *vn* to understand *U* = **tuiscint** *Std*.
tuile *4f* flood, *see* **méad**.
tuilleadh *1m* more (+ *gen*) ~ **post** more jobs *gpl*.
tuirse *4f* tiredness, **má bhíonn** ~ **ort** if you are tired.
tuirseach *adj* tired = **cloíte**.
tuirsiú *vn* to tire, **á d~** tiring them.
tuismitheoir *3m* parent, *pl* ~**í**.
turadh *1m* break in rain.
turas *1m* journey, *gs* **turais**.
turasóireacht *3f* tourism, *gs* **oifig** ~**a**.
turnapaí *pl* turnips < **turnap** *m*.
tús *1m* start, **i d~ báire** initially = **ar dtús**.

tusa *pron* you *2sg, emphatic*.
túsaitheoir *3m* starter = **chéad chúrsa**.
uachtar *1m* cream, ~ **úr** fresh cream, see **reoite**.
uafásach *adj* dreadful = **millteanach**.
uaidh *prp* from him/it *m* < **ó**; **nuair a bhíonn ceann nua uaidh** when he needs a new one = **nuair a bhíonn ceann úr de dhíth air**.
uaigneas *1m* loneliness.
uaimse *prp* from me *emphatic* < **ó**.
uaineoil *3f* mutton < **uain** + **feoil**.
uainn *prp* from us < **ó**.
uair *2f* time, hour; **cá huair?** when?, **leath~** half an hour, ~ **an cloig** an hour, **ar an dea-~** fortunately, **ar an droch~** unfortunately. *pl* (without numerals) **na huaireanta sin** those times; (with numerals) **sé huaire** six times.
uaisle see **uasal**.
ualach *1m* burden, load = **lód**.
uasal *adj* noble, **a dhuine uasail** (dear) sir, **a bhean uasal** (dear) madam, *gs* **is é beatha na mná uaisle** hail the noble lady (St Brigid). **an tUasal Ó Baoill** Mr (O')Boyle.
úd *dem pron* that = **sin**.
Uí *gs* of **Ó** in surnames, **i dteach Uí Bhaoill** in Ó Baoill's (Boyle's) house.

Uíbh Fhailí *pn* Offaly.

uibheacha eggs, *pl* of **ubh** =
uibh *U*.

uibheagán *1m* omelette.

uilig all = **go léir** = **uile** *Std*.

uimhir *5f* number.

uirthi *prp* on her/it *f* < **ar. An
raibh uirthi a cás a phacáil?**
Has she to pack her case?
**Arbh éigean di a cás a
phacáil?**

uisce *4m* water.

Uladh *pn* **Cúige** ~ (the
Province of) Ulster.

úll *1m* apple, *npl* ~**aí.**

ullmhaigh *v* prepare = **déan
réidh** *U*.

ullmhúchán *1m* preparation.

Ultach *1m* a native of Ulster.

uncail *4m* uncle.

úr *adj* new *U* = **nua**; fresh, *pl*
úra; *spve* **an boladh is úire**
the freshest smell.

urlár *1m* floor.

úrscéal *1m* novel.

úsáid *2f* use, **an mbaineann sí
~ as an ghuthán?** does she use
the phone.

úsáid *v*, **úsáideann** uses, **an
~tear seomra amháin mar
…?** is one room used as …? *vn*
~.

vardrús *1m* wardrobe.

yóga *4m* yoga.

Achoimre Gramadaí: Grammar Synopsis

Aibitir na Gaeilge: The Irish Alphabet

A key feature of Irish (and other Celtic languages) is the changes that occur at the start of words. Traditionally the Irish alphabet has 18 letters:

a, b, c, d, e, f, g, h, i, l, m, n, o, p, r, s, t, u

The remaining letters of the English alphabet may be heard in rare loanwords. The long vowels are marked by an accent, e.g. *fear* 'man', yet *féar* 'grass' etc.

'caol' agus 'leathan': *broad and slender*

Irish distinguishes between 'broad' consonants – flanked by the back vowels *a, o, u* – and 'slender' - flanked by front consonants *e* and *i*.

'séimhiú' agus 'urú' *'aspiration' and 'eclipsis'*

Words can undergo changes in the sentence. The main changes are aspiration and eclipsis and *h* before vowel.

Aspiration places a *h* after *b-, c-, d-, f-, g-, m-, p-, s-* and *t-* Aspiration does not changes vowels.

b, c, d, f, g, m, p, s, t   *bh, ch, dh, fh, gh, mh, ph, sh, th*

Eclipsis puts *n-* before vowels and prefixes consonants before the consonants *b-, c-, d-, f-, g-, p-* and *t-*

a, e, i, o, u   *n-a, n-e, n-i, n-o, n-u*

b, c, d, f, g, p, t   *mb, gc, nd, bhf, ng, bp, dt*

***h* before vowel** places *h* before all vowels (*a, e, i, o, u*).

Let us use **a** 'his', aspirating, **a** 'her', *h* before vowel, and **a** 'their*'*, eclipsing, as examples for the three main initial mutations. Note *h-, l-, n-, r-* and *sc-, sm-, sp-* and *st-* never change.

	a[asp] his	a[hv] her	a[ecl] their	
athair	father	a athair	a hathair	a n-athair
bád	boat	a bhád	a bád	a mbád
carr	car	a charr	a carr	a gcarr
doras	door	a dhoras	a doras	a ndoras
féasta	feast	a fhéasta	a féasta	a bhféasta
geata	gate	a gheata	a geata	a ngeata
mála	bag	a mhála	a mála	a mála
plúr	flour	a phlúr	a plúr	a bplúr
saol	life	a shaol	a saol	a saol
tart	thirst	a thart	a tart	a dtart

Achoimre ar an Bhriathar Synopsis of the Verb
An Briathar Rialta: The Regular Verb

The regular verb has, in the main, two conjugations:
1st conjugation i.e. 1 syllable but not ending in –*igh*. If the last vowel is *a, o, u* then the stem is 'broad'. If the last vowel is *i*, then the stem is 'slender'.
2nd conjugation i.e. 2 syllables or more ending in –*gh*. The ending -*aigh* is broad and the ending -*igh* is slender.

An aimsir chaite: The past tense

1st conj. broad	*1st conj. slender*	*2nd conj. broad*	*2nd conj. slender*
thóg mé	chuir mé	cheannaigh mé	d'éirigh mé
thóg tú	chuir tú	cheannaigh tú	d'éirigh tú
thóg sé/sí	chuir sé/sí	cheannaigh sé/sí	d'éirigh sé/sí
thógamar*	chuireamar*	cheannaíomar*	d'éiríomar
thóg sibh	chuir sibh	cheannaigh sibh	d'éirigh sibh
thóg siad	chuir siad	cheannaigh siad	d'éirigh siad
tógadh	cuireadh	ceannaíodh	éiríodh, *var* héiríodh

* *Var* thóg muid, chuir/cheannaigh/d'éirigh muid *C, U*

An aimsir láithreach: The present tense

tógaim	cuirim	ceannaím	éirím
tógann tú	cuireann tú	ceannaíonn tú	éiríonn tú
tógann sé/sí	cuireann sé/sí	ceannaíonn sé/sí	éiríonn sé/sí
tógaimid*	cuirimid*	ceannaímid*	éirímid*
tógann sibh	cuireann sibh	ceannaíonn sibh	éiríonn sibh
tógann siad	cuireann siad	ceannaíonn siad	éiríonn siad
tógtar	cuirtear	ceannaítear	éirítear

*Var tógann muid, cuireann/ceannaíonn/éiríonn muid *C, U*

An aimsir fháistineach: The future tense

tógfaidh mé	cuirfidh mé	ceannóidh mé	éireoidh mé
tógfaidh tú	cuirfidh tú	ceannóidh tú	éireoidh tú
tógfaidh sé/sí	cuirfidh sé/sí	cceannóidh sé/sí	éireoidh sé/sí
tógfaimid*	cuirfimid*	ceannóimid*	éireoimid
tógfaidh sibh	cuirfidh sibh	ceannóidh sibh	éireoidh sibh
tógfaidh siad	cuirfidh siad	ceannóidh siad	éireoidh siad
tógfar	cuirfear	ceannófar	éireofar

*Var tógfaidh muid, cuirfidh/ceannóidh/éireoidh muid *C, U*
ceannóidh, éireoidh = ceannóchaidh, éireochaidh *U*

An Modh Coinníollach: The Conditional Mood

thógfainn	chuirfinn	cheannóinn	d'éireoinn
thógfá	chuirfeá	cheannófá	d'éireofá
thógfadh sé/sí	chuirfeadh sé/sí	cheannódh sé/sí	d'éireodh sé/sí
thógfaimis	chuirfimis	cheannóimis	d'éireoimis
thógfadh sibh	chuirfeadh sibh	cheannódh sibh	d'éireodh sibh
thógfaidís*	chuirfidís*	cheannóidís*	d'éireoidís*
thógfaí	chuirfí	cheannófaí	d'éireofaí

Var thógfadh/chuirfeadh/cheannódh/d'éireodh siad etc. *U*
cheannódh.d'éireodh = cheannóchadh, d'éireochadh *U*

An Aimsir Ghnáthchaite: The Imperfect Tense

thógainn	chuirinn	cheannaínn	d'éirínn
thógtá	chuirteá	cheannaíteá	d'éiríteá
thógadh sé/sí	chuireadh sé/sí	cheannaíodh sé/sí	d'éiríodh sé/sí
thógaimis	chuirimis	cheannaímis	d'éirímis
thógadh sibh	chuireadh sibh	cheannaíodh sibh	d'éiríodh sibh
thógaidís	chuiridís	cheannaídís	d'éirídís
thógtaí	chuirtí	cheannaítí	d'éirítí

The main preverbal particles for past tense regular		The main preverbal particles for pres., fut., condit. and imperf. regular	
thóg	**d'ól**	**tógann**	**ólfaidh**
níor thóg	**níor** ól	**ní** thógann	**ní** ólfaidh
ar thóg?	**ar** ól?	**an** dtógann?	**an** ólfaidh?
gur thóg	**gur** ól	**go** dtógann	**go** n-ólfaidh
nár thóg	**nár** ól	**nach** dtógann	**nach** n-ólfaidh

Syncopated broad and slender: 2nd conj. endings:

ceangail 'tie', *cheangail, ceanglaíonn, ceanglóidh* etc.
inis 'tell', *d'inis, insíonn, inseoidh, d'inseodh* etc.

léigh, suigh, nigh etc., i.e. 1 syllable ending in *–igh*

léigh 'read', *léigh, léann, léifidh,léifeadh, léadh*
suigh 'sit', *shuigh, suíonn, suífidh, shuífeadh, shuíodh*

206

An Briathar Mírialta: The Irregular Verb

stem/vn		past	present	future
bí vn **bheith**	be	*bhí* *ní raibh*	*tá/bíonn* *níl/ní bhíonn*	*beidh* *ní bheidh*
déan vn **déanamh**	do, make	*rinne* *ní dhearna*	*déanann* *ní dhéanann*	*déanfaidh* *ní dhéanfaidh*
téigh vn **dul**	go	*chuaigh* *ní dheachaigh*	*téann* *ní théann*	*rachaidh* *ní rachaidh*
feic vn **feiceáil** U	see **feiscint** Std	*chonaic* *ní fhaca*	*feiceann* *ní fheiceann*	*feicfidh* *ní fheicfidh*
tar vn **teacht**	come	*tháinig* *níor tháinig*	*tagann* *ní thagann*	*tiocfaidh* *ní thiocfaidh*
faigh vn **fáil**	get	*fuair* *ní bhfuair*	*faigheann* *ní fhaigheann*	*gheobhaidh* *ní bhfaighidh*
tabhair vn **tabhairt**	give	*thug* *níor thug*	*tugann* *ní thugann*	*tabharfaidh* *ní thabharfaidh*
beir (ar) vn **breith**	bear, (catch)	*rug* *níor rug*	*beireann* *ní bheireann*	*béarfaidh* *ní bhéarfaidh*
abair vn **rá**	say	*dúirt* *ní dúirt**	*deir* *ní deir*	*déarfaidh* *ní déarfaidh*
cluin, vn **cluinstean**	= **clois** hear **cloisteáil**	*chuala* *níor chuala*	*cluineann* *ní chluineann*	*cluinfidh* *ní cluinfidh*
ith vn **ithe**	eat	*d'ith* *níor ith*	*itheann* *ní itheann*	*íosfaidh* *ní íosfaidh*

* *níor úirt* C,U

Some variant Ulster irregular forms

past:
*chuaigh/ní theachaigh, rinn'/ní thearn; tháinig/ní tháinig; thug/ní thug;
chuala/ní chuala; dúirt/níor úirt*

present:
ghní 'does', *ní theán; tchí* 'sees', *ní fheiceann; tig* 'comes', *ní thig;* var.
gheibh 'gets', *ní fhaigheann; bheir* 'gives', *ní thugann*

future (same for conditional but -faidh > -fadh)
gheánfaidh 'will do', *ní theánfaidh; tchífidh* 'will see', *ní fheicfidh;
bhéarfaidh* 'will give', *ní thabharfaidh.*

207

Roinnt Réamhfhocal Simplí: Some Simple Prepositions

ar	on	ag at	le with	de of	do for
orm	on me	agam	liom	díom	dom(h)
ort	on you *sg*	agat	leat	díot	duit
air	on him	aige	leis	de	dó
uirthi	on her	aici	léi	di	di
orainn	on us	againn	linn	dínn	dúinn
oraibh	on you *pl*	agaibh	libh	díbh	daoibh
orthu	on them	acu	leo	díobh	dóibh

i in	faoi under	ó from	as out	chuig towards	roimh before
ionam	fúm	uaim	asam	chugam	romham
ionat	fút	uait	asat	chugat	romhat
ann	faoi	uaidh	as	chuige	roimhe
inti	fúithi	uaithi	aisti	chuici	roimpi
ionainn	fúinn	uainn	asainn	chugainn	romhainn
ionaibh	fúibh	uaibh	asaibh	chugaibh	romhaibh
iontu	fúthu	uathu	astu	chucu	rompu

Ulster froms: *fríd* 'through' = *trí* Std; *fá* about (or *fá dtaobh do/de*) = *faoi*, *mar gheall ar* Std.

Réamhfhocail Chomhshuite: Compound Prepositions

i ndiaidh	os comhair	in éadan	os cionn
after	opposite	against	above
i mo dhiaidh	os mo chomhair	i m'éadan	os mo chionn
i do dhiaidh	os do chomhair	i d'éadan	os do chionn
ina dhiaidh	os a chomhair	ina éadan	os a chionn
ina diaidh	os a comhair	ina héadan	os a cionn
inár ndiaidh	os ár gcomhair	inár n-éadan	os ár gcionn
in bhur ndiaidh	os bhur gcomhair	in bhur n-éadan	os bhur gcionn
ina ndiaidh	os a gcomhair	ina n-éadan	os a gcionn

Others include: *fá choinne* 'for' *ar son* 'for', *ar lorg* 'after, looking for' *in aice* 'beside' *in ainneoin* 'in spite of', *i measc* 'among', *i gcuideachta* 'in the company of'.

Simple prepositions take dative: *leis an fhear* with the man.

Compounds usually take genitive, *i ndiaidh an fhir* after the man, but if compound preposition ends in a simple preposition, then dative follows: *fá dtaobh den fhear* about the man, = *mar gheall ar an fhear*.

An tAinmfhocal: The Noun

The noun in Irish is either masculine or feminine and there are four main cases:

Nominative ordinary form of noun (subject & object)
Dative the form used after prepositions
Genitive possession (like English *'s*)
Vocative addressing someone/something directly

An tAlt: The Article

The article is used before the nominative, dative and genitive. All forms (masculine & feminine, singular & plural) are followed by some form of mutation.

(i) **t** before vowel. *Nom.* masc. sg., e.g. **athair** *5m* 'father', **Chonaic mé an t-athair.** 'I saw the father'. Consonants unchanged, e.g. **an balla** *4m* 'the wall'; **an fear** *1m* 'the man'; **an seomra** *4m* 'the room'.

(ii) **asp.art**
The aspirating forms of the article place *h* after the letters *b*, *c*, *f*, *g*, *m* and *p* (as in ordinary aspiration) but *d-* and *t-* are unaffected, while *t* is placed before 'mutable' *s-* (i.e. all forms of *s-* except *sc-*, *sm-*, *sp-* and *st-*). Vowels are not affected.

Nom. fem. sg.
bróg *2f* 'shoe', **an bhróg** 'the shoe'; **farraige** *4f* 'sea', **an fharraige** 'the sea'; **sráid** *2f* **an tsráid** 'the street'; **áit** *2f*, **an áit** 'the place'.

Dat. sg. masc. & fem. – Ulster Irish
leis an athair 'with the father', **san áit** 'in the place'; **leis an bhalla** 'with the wall', **faoin bhróg** 'under the shoe' (older **faoin bhróig**), **ag an fhear** 'at the man', **as an fharraige** 'out of the sea', **sa tseomra** 'in the room', **ar an tsráid** 'on the street'. In other dialects eclipsis can occur, **ag an bhfear**, **leis an mbean** etc.

Gen. sg. masc. (NB gen. sg. given in the dictionary)
barr an bhalla 'the top of the wall', **teach an fhir** 'the man's house', **doras an tseomra** 'the door of the room', **carr an athar** 'the father's car'.

(iii) **h** before vowel
Gen. sg. fem.
muintir na háite 'the people of the place', **doras na hoifige** 'the office door' – consonants are unaffected, **barr na sráide** 'the top of the street'.

Nom. & dat. pl. (masc. & fem.)
(leis) na haithreacha '(with) the fathers', **(s)na hoifigí** '(in) the offices', **(do) na fir** '(for) the men', **(faoi) na sráideanna** '(under) the streets'.

(iv) **eclipsis**

Gen. pl. m. & f. (NB use *pl* or *gpl* for this form).

n- before vowels: **barúil na n-aithreacha** 'the fathers' opinion', **ag glanadh na n-oifigí** 'cleaning the offices'.

mb, gc, nd, bhf, ng, bp, dt

'ballaí 'walls', **barr na mballaí** 'the top of the walls'; **bróga** 'shoes', **luach na mbróg** 'the price of the shoes'; **cosa** 'feet', **ag ní na gcos** 'washing the feet'; **fir** 'men', **teach na bhfear** 'the men's house'

The Vocative Particle (a[asp]) is placed before all nouns (m., f., *sg.* & *pl.*) when addressing them directly:

a dhochtúir(í) *3m* oh doctor(s) **a bhanaltra(í)** *4f* oh nurse(s)

The only other change is that 1st declension m. nouns make the ending slender in voc. sg. **a fhir** 'oh man', **a mhic** 'oh son'. If noun is m. and gen. pl. = nom sg. then add –a for voc. pl., **a fheara** 'oh men', **a mhaca** 'oh sons'.

Roinnt ainmfhocal samplach: Some sample nouns

bádóir *3m* boatman, *gs* –óra, *pl* ~í

nom	an bádóir	na bádóirí
dat	leis an bhádóir*	leis na bádóirí
gen	carr an bhádóra	teach na mbádóirí
voc	a bhádóir	a bhádóirí

banaltra *4f* nurse, *gs* ~, *pl* ~í

nom	an bhanaltra	na banaltraí
dat	don bhanaltra	do na banaltraí
gen	cóta na banaltra	teach na mbanaltraí
voc	a bhanaltra	a bhanaltraí

aire *4m* (government) minister, *gs* ~, *pl* -rí

nom	an t-aire	na hairí
dat	chuig an aire	chuig na hairí
gen	oifig an aire	oifigí na n-airí
voc	a aire	a airí

iníon *2f* daughter, *gs* iníne, *pl* ~acha (NB níon *U*, *gs* níne, *pl* níonacha)

nom	an iníon	na hiníonacha
dat	ag an iníon	ag na hiníonacha
gen	carr na hiníne	carr na n-iníonacha
voc	a iníon	a iníonacha

sagart *1m* priest, *gs/np* -airt, *gpl* ~

nom	an sagart	na sagairt
dat	ar an tsagart*	ar na sagairt
gen	hata an tsagairt	hataí na sagart
voc	a shagairt	a shagarta

seanbhean *irreg.f* old woman *gs/np* seanmhná, *gpl* seanbhan

nom	an tseanbhean	na seanmhná
dat	ón tseanbhean	ó na seanmhná
gen	teach na seanmhná	teach na seanbhan
voc	a sheanbhean	a sheanmhná

* *Alt* **leis an mbádóir, ar an sagart.**

An Aidiacht: The Adjective

Most attributive adjectives follow the noun. Nominative fem sg. aspirates – masc. nom. sg. does not change:

cóta *m* **mór** a big coat   **léine** *f* **bhán** a white shirt   **teach** *m* **fada** a long house

The nominative plural forms add –a or –e (-úil > -úla) and do not *normally* aspirate. **Fada** 'long' has same sg. and pl.

cótaí móra big coats   **léinte maithe** good shirts   **tithe fada** long houses

Note: only masc. nouns whose nom. pl. end in slender consonant aspirate, e.g. **fir mhóra** 'big men', **cnoic ghlasa** 'green hills' – yet **doctúirí móra** 'big doctors, mná suimiúla** 'interesting women', **páistí cainteacha** 'talkative children'.

The comparative/superlative form makes the adjective slender and adds –e (or –ach > aí; -úil > úla), **deas** 'nice', **is deise** 'nicest', **níos deise (ná)** 'nicer (than)' – **is/níos óige** 'youngest/younger', **is/níos sine** 'oldest/older' etc.

nom. sg.	*nom. pl.*	*splve/ comp.*	
glan clean	**glana**	**is glaine**	cleanest
salach dirty	**salacha**	**níos salaí ná**	dirtier than
suimiúil interesting	**suimiúla**	**is suimiúla**	most interesting
ciallmhar sensible	**ciallmhara**	**níos ciallmhaire ná**	more sensible than

For the regular adjective, the superlative/comparative = fem. gen. sg. Some irregular adjectives have distinct superlative/comparative forms from fem. gen. sg:

nom. sg.	*nom. pl.*	*fem gen sg*	*splve/ comp*
mór big	**móra**	**móire**	**(is) mó**
beag small	**beaga**	**bige**	**(is) lú**
maith good	**maithe**	**maithe**	**(is) fearr**
olc bad	**olca**	**oilce**	**(is) measa**
furasta easy	**furasta**	**furasta**	**(is) fusa**

The equative is formed by placing **c(h)omh** in front of the adjective: **chomh mór le teach** 'as big as a house'. Note that **chomh** (= **comh** *U*) places *h* before a vowel, e.g. **ard** 'high', **chomh hard le crann** 'as high as a tree'.

Some adjectives come before noun, e.g. **sean-** 'old', **droch-** 'bad'. These are same for sg. and pl.: **seanbhalla(í)** 'old walls', **drochsheomra(í)** 'bad rooms'.

Grammar Appendix for Passages

Adjectives 57 (15, 16), **comparative/superlative** 58 – also *is óige/sine* 'youngest/oldest' 15.
Autonomous, see under **Conditonal, Imperfect, Imperative, Past, Present, Future.**
Conditional *1sg* 63, *3sg* 64, *aut.* 65; *copula* 62.
Copula *pres.* 1-4, 42-3, *past/conditional* 62 (55/56), *Ba ghnách* 68. *Cé leis? Cér leis?* 56.
Dates 17.
Future 49-53 (21), *aut.* 54.
Imperfect *1sg* 66, *3sg* 67, periphrastic *ba ghnách le + vn* 68, *aut.* 69.
Imperative *2pl.* 69, *1 pl.* 60-1, *aut.* 47.
Numbers primary 14, personal 15, 23 with nouns ages 15, 16, other nouns 19, ordinals 22, dates 17, time 9, 27, 28, 29-33.
Past active 9-13, 17, 19, 21-4, 44, 46; *aut.* 8 and 26.
Perfect 40.
Prepositions *ag* 6, 14, 15, *ar* 5, <u>12</u>, 16, 19, *as* 1-3, *do* 55-6, *le* 4, 56, 62, 68.
Present 27-41, 47; *aut.* 48.
Verbal noun As pres. participle **ag** + 36 (34-5); as infinitive with no direct object 55, with direct object 56, verbal noun plus genitive and infixed pronoun 70. *i mo chónaí/luí/shuí* etc. 13 (8, 37-41).

Moltaí don Scoláire: Advice for the Student

(a) Ask your teacher, or anyone else you know who is fluent in the language, to record some of the stories for you. Listen to the recordings as much as possible. The more you listen, the better you will understand.

(b) When you listen, try to reads the texts yourself.

(c) Make full use of the dictionary .

(d) Go on line to www.benmadiganpress and check out the translation exercises.

(e) Why not make up you own story for each text (with questions and answers).When you teacher has corrected this, why not read your text aloud to classmates and get them to answer the questions and answers. Then provide them with a copy of your story.

(f) Why not write poems or short stories about your own day, area, family, holidays, pastimes etc.?

Moltaí don Mhúinteoir: Advice for the Teacher

(a) When students have finished a story (plus questions and answers), make out a listening test with 10 new questions.

(b) Encourage students to write their own stories (plus questions and answers).

(c) Encourage students to read the printed stories (and their own stories) to each other.

(d) Encourage creative writing and readings as much as possible.

Current Publications

Website: www.benmadiganpress.com
Email: bmp@benmadiganpress.com

Six Pack All 6 titles + CDs £99/€115 (*£20/€30 SAVING*)

Bunchomhrá Gaeilge

A.J. Hughes

Basic Conversational Irish 2002.

92 page book + 2 CDs

17 chapters, 113 dialogues of basic, practical Irish conversations with English translations. Irish-English dictionary plus 2 CDs of native speakers. Ideal for the learner in class, in car, or at home.   ISBN 0-9542834-1-4
Luach/Price £15.00/€20

Leabhar Mór Bhriathra na Gaeilge

The Great Irish Verb Book 2008

A.J. Hughes vii + 486 pp (210mm x 27.5 mm)

A major reference source for the verb in Irish. 112 verbs conjugated in full in the 8 major tenses and moods for Standard, Ulster, Connaught & Munster. 3300 verb index. Fóirsteanach do gach leibhéal.
ISBN 978-0-9542834-2-1
Luach/Price £30.00/€40

Trialacha Tuigbheála A.J. Hughes

Comprehension Tests 2008 (2nd edition)

192 pp (A5, hbk) + 2 CDs

22 texts plus 8 sets of exercises with each text. Irish-English dictionary plus 2 CDs of native speakers. Ideal for intermediate and advanced.

ISBN 978-0-9542834-3-8
Luach/Price £22.00/€30

Do luachanna san Eoraip agus in áit eile ar domhan, féach: www.benmadiganpress.com

Foilseacháin Reatha

Suíomh Idirlín: www.benmadiganpress.com
Ríomhphost: bmp@benmadiganpress.com

An Seisear Simplí/Six Pack All 6 titles + CDs £99/€115 (*£20/€30 SAVING*)

An Ghaeilge ó Lá go Lá 2009

A.J. Hughes
Irish Day by Day

A structured Irish reader based on everyday Irish. 216 pp A5
(softback). 70 short structured illustrated texts, 10 questions
and answers with each text. Ideal for beginner as part of a
class or independently. 70 English to Irish translation
exercises based on each text available free on line:
www.benmadiganpress.com

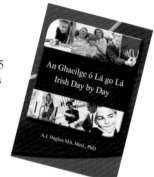

ISBN 978-0-9542834-6-9
Luach/Price £12.00/€14

Leabhar Laghdaithe Bhriathra na Gaeilge

The Abridged Irish Verb Book 2009
A.J. Hughes

Book 416 pp A5, verb tables in Standard Irish plus dialect notes.
Full index 3300 verbs. Ideal reference for schools, colleges and
the workplace.
ISBN 978-0-9542834-7-6 (softback) **Luach/Price £14.00/€17**
ISBN 978-0-9542834-4-5 (hardback) **Luach/Price £20.00/€25**

The Big Drum

Seosamh Mac Grianna 2009

At long last, an English translation of the classic Gaelic novel
An Druma Mór by Donegal author Seosamh Mac Grianna.
The novel deals with a feud between two rival factions and
marching bands in the Donegal Gaeltacht in the early 20th
century and is one of the highlights of Irish writing post-Gaelic
League. English translation and commentary by A.J. Hughes.

ISBN 978-0-9542834-8-3 (softback) **Luach/Price £12.00/€15**
ISBN 978-0-9542834-5-2 (hardback) **Luach/Price £20.00/€25**

For prices in Euro zone and elsewhere see website:
www.benmadiganpress.com

Foirm ordaithe • Order form

Sloinne Surname:	
Ainm Baiste First Name	
Seoladh Address	
Cód Poist/Zip/ Zip/Post Code	
Tír Country	
Uimhir Ghutháin Tel. Number:	

Teideal/Title	NI UK	Éire EU	Aon áit eile Elsewhere	Líon No.
Bunchomhrá Gaeilge Basic Conversational Irish	£15 €20	£16 €22	£18 €25	
Trialacha Tuigbheála Comprehension Tests	£22 €30	£23 €33	£25 €36	
Leabhar Mór Bhriathra Great Irish Verb Book	£30 €40	£32 €44	£34 €50	
An Ghaeilge ó Lá go Lá Irish Day by Day	£12 €14	£13 €15	£14 €16	
Leabhar Laghdaithe Abridged Verb Book	£14/£20 €17/€25	£14/£20 €17/€25	£16/£25 €20/€36	
The Big Drum	£12/£20 €15/€25	£13/£20 €15/€25	£16/£25 €20/€36	
An Seisear Simplí/Six Pack - All 6 Titles + CDs £99/ €115				
			ORDÚ IOMLÁN / GRAND TOTAL	

Seol seic agus foirm go:

Clólann Bheann Mhadagáin
516 Bóthar Aontroma
Béal Feirste
BT15 5GG, Éire

Send cheque and order form to:

Ben Madigan Press
516 Antrim Road
Belfast
BT15 5GG, N. Ireland

Suíomh Idirlín/ Website: www.benmadiganpress.com
Ríomhphost/Email: bmp@benmadiganpress.com

Clólann Bheann Mhadagáin

Ben Madigan Press

Scar ón líne seo nó déan fótachóip. / Tear along this line or else make a photo copy.

215

Clólann Bheann Mhadagáin Ben Madigan Press